高难度沟通

黄薇 / 著

中国华侨出版社

北京

前言

沟通是很寻常的事，我们每天都在与人沟通。有些人与我们志同道合，我们要动员他们一起行动，建设我们想要的生活。有些人并不关心我们热心的事物，这就要我们去激发他们的兴趣与热情。有些人站在我们的对立面，我们就要跟他们解释，说服他们改变。这就是沟通的本质。我们要想发挥沟通的力量，就得认真把握所有这些机会。

但即使我们很努力，也不能做到每一次沟通都是有效的。你是否还记得，哪些谈话是不欢而散的？哪些话题是容易引起争吵，以致你总是避免谈论它们？哪些要求是你不敢提出来的，因为你怕会遭到严厉的拒绝？哪些意见是你从不敢说出口的，因为你怕会招致辱骂和报复？可见，当沟通陷入僵局、出现分歧，就成了高难度沟通，如果不能正确地打破僵局、化解分歧，我们就会被困住，无法脱身。

那么，沟通的僵局是如何产生的呢？

要弄清这一点，我们首先要明白什么是沟通的僵局。沟通的僵局，就是我们反复沟通，却没有办法实现我们想要的目标。身陷僵局中时，我们往往都意识不到这点，于是我们反复强调自己的想法，做出解释，但是对方就是不理解或者听不明白，于是挫败、怨恨、绝望等负面情绪就产生了。

当你的想法，不被对方理解，双方就有了分歧。对于分歧，我们首先要明白一点：分歧只是表明双方的价值观不同，双方的关注点不同，双方追求的东西不一样，所以才没法让思路在一个频道，所以才会导致正常的沟通无法进行下去。

在这个竞争异常激烈的社会，自我推荐、介绍产品、主持会议、商务谈判、交流经验、鼓励员工、化解矛盾、探讨学问、接洽事务、交换信息、传授技艺，还有交际应酬、传递情感和娱乐消遣等都离不开沟通。沟通能力的高低直接影响到一个人的人际关系和前途。生活中99%的难题都是由于沟通不畅导致的。人们常因为观点不同、立场不同、理解不同、优先级不同而产生争吵。如果没有一套应对复杂情况的沟通技巧，你就很容易陷入不良情绪中，损害自己的各种人际关系，影响自己的职业发展和生活状态。在这本书里，我们并不是在一般的意义上抽象地讨论"僵局"二字。但是，在所有这些情形当中，打破僵局都得从一次具体的谈话开始。没有解决不了的事，只有不会沟通的人。本书提供了各种高难度沟通的方法和实战练习，帮读者打破沟通僵局，让读者从现在开始，停止争论对错，成为沟通高手。

目录

第五章　每一次成功的说服，靠的都是"心理共鸣"

第六章　拒绝的话不伤人，方式用错了才伤人

第七章　批评时给别人留面子，就是给自己留余地

第八章　谈判只是沟通的手段，目的是让双方更好

第一章

赢得对方的喜欢，沟通的难度自然就小了

与陌生人搭讪，先要创造与对方共鸣的情境

【难度系数】★★★

【适应人群】害怕和陌生人搭讪的人

【适应症状】

一想到有什么事需要和陌生人说话，就觉得沟通压力很大，很焦虑。

在人际交往中曾受过伤害，有很强的警惕心，觉得每一个与自己说话的陌生人（特别是男性）都另有所图或不怀好意，因此不愿意与陌生人说话。

在陌生人多的场合会显得犹豫，他们渴望认识更多人，但对人际规则不熟悉，所以没有头绪，找不到和陌生人搭讪的好方法。

那些极度自大、自信心膨胀、得意忘形的人，认为别人都比不上自己，所以没必要主动和别人搭讪，应该被人搭讪才对。

【沟通情境】

美国耶鲁大学的威廉·费尔浦斯教授 8 岁的时候，有一次到

莉比姑妈家度周末。

傍晚时分，有个中年人慕名来访，但姑妈好像对他很冷淡。他跟姑妈寒暄过一阵之后，便把注意力转向威廉。那时，威廉正在玩模型船，而且玩得很专注。他看出威廉对船只很感兴趣，便滔滔不绝地讲了许多有关船只的事，而且讲得十分生动有趣。

等他离开之后，威廉仍意犹未尽，一直向姑妈提起他。

姑妈告诉威廉，他是一位律师，根本不可能对船只感兴趣。

"但是，他为什么一直跟我谈船只的事呢？"威廉问道。

"因为他是个有风度的绅士。他看你对船只感兴趣，为了让你高兴并赢取你的好感，他当然要这么说了。"

与陌生人交谈，如果能创造与对方共鸣的情境，就能马上消除对方的警惕和抗拒，成功拉近两个人之间的距离。

【解决方法】

有一条路，它漫长而充满迷雾，这就是走向人心的路。确实，打动人心不易，打动陌生人的心更是难上加难。这时我们要运用的一个武器就是：动之以情。

人不是冷血的动物，每个人都有自己的感情，这些感情不仅仅需要别人了解、感受，也需要得到他人的共鸣。因此，一个人如果想快速地走进他人的心里，就要抓住对方的情感需求，然后发挥自己的感染力，用富有感情的语言、动作和表情，引起他人的心理共鸣，从而拉近彼此的关系。

在与陌生人搭讪时，我们要知道，这只是结识而不是熟识，而达到熟识的目的就是我们交谈的一个重要目标，在这个过程中，我们就应该用自己的情感来使对方对我们所陈述的内容产生共鸣，可以说，这是拉近彼此距离的高招。

第一步：创造情境同一性

要引起对方的共鸣，首先要创造情境同一性，这需要我们做好以下几个方面的功课。

1. 创造良好的沟通环境

人在沟通过程中，所处的环境，包括沟通地点、气氛等，会影响人的情绪。假如你处在一个舒适的房间，气氛很融洽，那么你的心情就会很好，可以很容易与对方进入良好的氛围中。

良好的沟通环境因人而异，假设让一个老农民进五星级的大酒店去谈事情，那么他很难感到自然舒服，同样，让一个品位高的人去破落脏乱的地方，他也不会舒服。所以，沟通要看对象是谁，他的喜好、兴趣、品位、地位等因素都需要考虑进去，选择适合他的地方，然后从其中选择适合谈话的环境，这样会好一些。

2. 找到双方的共同点

要打开对方心扉，最好找到共同点，然后引导对方进入自己设置的情境，或者进入对方期望的情境。

3. 体会对方的情绪

心理学家认为，人情绪的好坏，对双方的沟通有很大影响。对方情绪好，就容易接受你；对方情绪不好，那你就要想办法去了解为什么会这样。如果我们能够从对方的角度来看待事情，体会对方的感受，或许原本疑惑不解的问题可能就变得豁然开朗了，进而理解对方。

第二步：引起对方的共鸣

有了良好的情境，就打开了沟通的第一扇门。现在，我们就要利用以下方法，从内心深处征服对方，引起对方的共鸣。

1. 对比法

在沟通过程中，用对比的方式来唤起对方的心理共鸣，引起对方对自己的高度重视，从而与自己产生心理交融。

2. 理趣法

揣摩对方的心理，顺应他的现状，利用一些有趣的话题，比如开个小玩笑、说个小笑话等，让对方觉得你很好沟通，引起对方兴趣。在沟通场上，运用你的机智和幽默感染别人，缓解沉闷紧张的气氛，从而使大家相处得快乐、融洽。

3. 提问法

多问对方一些问题会让对方觉得自己很有能力，同样你也会给对方一种虚心的印象，但要注意提问也要有度。喋喋不休地问个没完，会让对方反感，这样的人避之唯恐不及，更不用说要与之沟通了。

当一个话题谈不下去，就赶紧换对方喜欢的话题

【难度系数】★ ★ ★ ★
【适应人群】一说话就冷场的人
【适应症状】

想和一个人说话，又不知道该找什么话题，怕说完很尴尬。

大家伙坐在一起讨论某话题，说到兴奋的时候，有人总爱说"正常啊""不奇怪啊"，搞得大家很冷场。

比较爱聊天，不管什么话题都要插进去，但有些事根本不懂，还老说"那肯定的"，让其他人觉得很无语。

很不会聊天，别人说个什么事就冷冷地说"你讲这个和我们有什么关系？"或者是"你都讲过很多次了"，搞得别人很尴尬。

【沟通情境】

假如你正坐在火车上，你已坐了很久了，而前面还有很长很长的路程。你想与他人讲讲话，这是人类的群体性在作祟，而你要尽力使你的谈话显得有趣和富有刺激性。

坐在你身旁的一位像是一个有趣的家伙，而你颇想知道他的底细，于是你便搭讪道："对不起，你有火柴吗？"

可是他一句话也不讲，只是点点头，从口袋里掏出一盒火柴递给你。你点了一支烟，在还给他火柴时说了声"谢谢"，他又点了点头，然后把火柴放进了口袋里。

你继续说："真是一段又长又讨厌的旅程，你是否也有这种感觉？""是的，真讨厌。"他同意着，而且语调中包含着不耐烦的意味。"若看看一路上的稻田，倒会使人高兴起来。在稻谷收获之前的一两个月，那一定更有趣。"

"唔，唔！"他含糊地答应着。

这时你再也没有勇气说下去了。他若是个农夫，你在农业方面给他一个表现兴趣的机会，接下来他一定会发表一番他的看法。

假若一个话题能引起他的兴趣，那么无论他是如何沉默的个人，他也会发表一些言论的。因此你在谈话停滞之时，思考了一番后，又重新开始了。

"天气真好，爽快极了！"你说，"真是理想的踢球时节。今年秋季有好几个大学的球队都很出色呢！"

那位坐在你身旁的乘客直起身来。

"你看理工大学球队怎么样？"他问。

你回答："理工大学队很好，虽然有几个老将已经离队，然而几位新人都很不错。"

"你听说过一个叫李刚的队员吗？"他急着问。

你的确听说过这个球员，你猛然发现此人和李刚长得很像，于是你说："他是一个强壮有力、有技巧，而且品行很好的青年。理工大学队如果少了这位球员，恐怕实力将会大减。但是李刚快要毕业了，以后这个队如何还很难说。"

这话一下子激发了这位乘客说话的情绪，他就像被突然按下了某个启动按钮，兴高采烈、滔滔不绝地讲起话来。

和陌生人谈话，是不可避免的事，如果找不对话题，现场那种紧张尴尬的气氛会吞噬掉你说话的勇气，但如果你换成对方喜欢的话题，无话可说的尴尬就会迅速变成愉快的交谈。

【解决方法】

俗话说得好：话不投机半句多。在生活中，我们总是喜欢和那些与我们有共同话题的人进行交流。但是，如果遇到一个话不投机的人，就会变得十分尴尬。因为双方无法找到可以进行交流的共同点。这时，如果可以及时地转移话题，双方进入僵局的交流就会"起死回生"。这时，双方会因为同频信息的出现而变得相言甚欢，双方的交流气场也会从强烈抵触变得有声有色。

如果不知道对方喜欢什么话题，你可以提出一些问题进行试探。如果一个话题谈不下去的时候，就要赶紧转换话题了。

1. 从对方得意的事情说起

每一个人都有自认为得意的事情，这事情本身究竟有多大价值是另一个问题，但在他本人看来却是一件值得终身纪念的事。你如果能预先打听清楚，在有意无意之间，很自然地讲到他得意的事情，只要他对你没有厌恶的情绪，只要他目前没有其他不如意的刺激，在情绪正常情况下，他一定高兴地听你说。比方他新近做成一笔生意，你去称赞他目光准、手腕灵，引得他眉飞色舞，趁机稍示来意，也是好机会。诸如此类的例子很多，全在于随时留心，善于利用。

2. 选择对方感兴趣的话题

如果想要交朋友，并成为受人欢迎的沟通达人，就要用热情和生机去应对别人。接触对方内心思想的妙方，就是和对方谈论他最感兴趣的事情。一般情况下，当人们遇到自己感兴趣的话题，就会投入十二分的热情；但是，如果对话题没有丝毫兴趣，即使对方热情高涨，自己也会昏昏欲睡。

据说每一个拜访过美国总统西奥多·罗斯福的人，都会对他渊博的知识感到惊讶。哥马利尔·布雷佛写道："无论是一名牛仔或骑兵、纽约政客或外交官，罗斯福都知道该对他说什么话。"他是怎样办到的呢？很简单。每当有人来访的前一天晚上，罗斯福都要翻读这位客人特别感兴趣的话题的资料。因为罗斯福知道，打动人心的最佳方式是：找准话题，与对方心灵产生共鸣。

3. 多准备几个话题

如果你的谈话对象是陌生人，不知道他对什么话题感兴趣，那你就需要多准备几个话题，根据对方对话题的反应，来试探出对方喜欢的话题。

一般来说，与陌生人聊天的话题，往往有：衣、食、住、爱好、娱乐；令人感动、感伤的事；家人、家庭、气候变化；旅行及有价值的话；利益及有关赚钱的事；新闻、时事问题；一些人生经验、人生经历的话；关于对方工作的话题。

发现对方开始不耐烦，就把讲话主动权交给对方

【难度系数】★★★
【适应人群】唠唠叨叨自说自话的人
【适应症状】

你总是喋喋不休地说一堆自己的事，完全不管对方愿不愿意听。

跟女生谈政治、体育、军事等话题，跟男生谈韩剧、八卦、偶像等话题。

自己说话别人不感兴趣，别人说话总是插不进去，好不容易鼓起勇气插话之后，却变成了冷场。

在电梯里遇到同事和领导的时候，害怕冷场的尴尬，就开始没话找话，结果反而更尴尬。

【沟通情境】

一位企业家去参加一个关于开发新产品的研讨会议，会议上一个年轻人的讲话引起了他的注意。对于这个年轻人的讲话，这位企业家有一点自己的想法和疑问，想要与对方深入交流。

会后，企业家找到了这个年轻人，首先向对方表示了祝贺，并夸赞对方的讲话很有新意。年轻人很是高兴，对企业家表示了感谢。

说到这里，企业家话锋一转，说："你的讲话中有一点是我不太明白的，我是这样想的……"

没等企业家说完，那个年轻人就说道："你是不是想问产品中的一个部件为什么要用陶瓷而不是用金属？"

"是啊，我以前见过类似产品的那个部件，是用金属做的，而且，我们也研究过，金属部件有很多的优点……"

年轻人笑了，说："你说得没错，以前的是用金属做的。不过，我使用的是一种特殊的陶瓷，经过多次试验，效果更理想。"

年轻人说到他使用的陶瓷部件时，脸上洋溢着十分自豪的表情。

企业家听到这里，把自己原先想说的话都给咽回去了，问道："那么，你的陶瓷特别之处在哪里呢？"

年轻人马上滔滔不绝地讲了起来，之后还邀请企业家到他的实验室去参观，还要亲自做实验证明给企业家看。

企业家委婉地拒绝了，再也没有联系过这个年轻人。

沟通不是个人表演独角戏，而是需要沟通双方协作完成的活动，这意味着不仅要自己说，还要听别人说，如果光是自己说，不让别人说，自然就会引起别人的反感，导致沟通无疾而终。

【解决方法】

没有人喜欢别人喋喋不休地向自己输入观点，也不希望对方夸夸其谈自己的事，毫不在意听话者的感受。很多时候，你在发表自己的言论时，其实决定权在听的人手中，因为他是受众，当他肯定了你的言论，你说的话才是有效可行的。

要知道谈话不是演讲，不是个人表演的独角戏，而是双方交流的活动。所有人都是有倾诉的欲望，无论是老人还是孩子，是智者还是凡人，都希望可以畅快流利地表达自己的想法，希望别人可以静静地用心倾听。如果你在与人沟通时，始终自己掌握着话语权，喋喋不休地说个不停，完全忽视对方的倾诉欲望，别人肯定不高兴，你的观点自然很难得到认同，沟通自然不会顺利。

倘若交谈的时候，你让出说话的主动权，就给对方留下了一个好的印象，接下来对方就会更加乐意和你交谈，自然会让对方更加的认可你。

1. 少谈自己的事

与人沟通时，阐述清楚自己的观点即可，不要没完没了地谈自己的事，反复论述自己的观点。要懂得给对方发表意见的机会，让他与你产生共鸣。

2. 注意对方的反应

你在说话的时候，要密切注意对方的神态，不能自顾自说，时不时询问对方的感受，比如"你觉得怎么样？"或是"你认为呢？"如果对方的神情中开始有哪怕一点点的不耐烦，你也要马上捕捉到这个信息，并把话题抛给对方，或是换一个对方感兴趣的话题。

3. 激起对方的谈话欲望

不是所有的人都是善谈的，有的人比较沉默寡言，虽然有交谈的欲望，却不知从何谈起。这就需要你在谈话的停滞之中，率先向对方发出友好信号，想法寻找并且不断地激起对方的兴趣，使谈话能够一直持续下去。

4. 对对方的观点表示赞同

在别人说话的时候，你要认真倾听，并不时表示赞同。就算你有不同的看法，也要等别人的话停止时再接入，而且时间最好控制在 3 分钟左右。

别人的意见和你不同时，不要强迫对方接受你的观点

【难度系数】★ ★ ★ ★ ★

【适应人群】谈吐无理取闹，一定要按自己意思发言的人

【适应症状】

你只想谈论跟自己有关的话题，其他的都一概不想听。

你总是强迫对方接受你的观点，听不进任何不同的观点。

与人谈话时，你总是觉得对方的话缺乏水准。

当别人兴高采烈地讲话时，你却总是板着脸，甚至有时故意刁难对方。

【沟通情境】

小 A 这个人特别强势，即使在和朋友聊天的时候，只要她提出一个观点，就要求朋友们全部给予赞同，听不进任何一点反对意见。

如果你对她的观点不发表意见，她会一直追着你问，直到听到你说"对，是这样"，才罢休。

比如，有一次几个朋友聚餐，小 C 提议去吃泰国菜，小 A 却说："泰国菜有什么好吃的，不是酸不拉几的，就是辣兮兮的，闻起

来一股浓浓的臭鱼烂虾味儿，看起来也脏兮兮的，还不如去吃寿司呢，都是有机的食材，味道新鲜，热量又低，种类也丰富，拍照也漂亮。"小Y觉得吃什么都行，没有发表意见，小A就追着小Y说寿司有多好多卫生，直到小Y开口同意去吃寿司。

如果你对小A的观点有不同看法，她就会像开了连珠炮一般，持续向你进攻，直到你举手投降："我错了，你说得对。"

比如，有一次小A去陪小B买手机壳，小A觉得镜面的好看，但小B更喜欢磨砂的触感，决定买磨砂的，结果小A就一直小B耳边叨叨，说什么"磨砂的看起来很low，没有质感，而且脏了很难看……"搞得小B烦死了。从那以后，小B再也不找小A逛街了。

朋友们都受不了小A这种霸道劲儿，渐渐地就不跟她一起玩了。

如果你发现你的朋友都开始躲着你，聚餐不叫你，出去玩也不叫你了，遇见了也只是打个招呼就走了，你一定要反省一下自己，是否有强迫别人接受自己观点的毛病。

【解决方法】

世界上最难办的事情之一，是把思想装进别人的脑子里。在沟通时，通过言语的争辩，我们或许能够强迫别人接受自己的观点，但对方只是口服心不服，并不是真正认同你的观点。更多时候，你强迫对方的行为，只会引发对方的抵触情绪，使沟通陷入僵局，甚至引发冲突。

心理学研究证实，你越是强迫一个人去做一件事，他反而越是抗拒去做这件事；相反，如果你越是不强迫他，他反而越是有了解这件事的兴趣。

强迫对方接受自己的观点这种行为，在心理学上叫作"滥用权威的倾向"。通过压倒别人，来获得虚妄的强大感、安全感，如果不这样就会感到焦虑，这是一种自我防御的表现。

这种人总认为自己是最权威的，在自己发表的意见受到挑战时，他们就会感到自己受到了威胁，所以立刻会说一些相反的话，提供更多的信息来挽回自己的气势。只有感到自己在道理或气势上压倒了别人，他们才会住口。但这常常让别人下不来台。这些人在言辞上充分表现了对他人的不尊重。他们处处跟人竞争，总是以强者姿态出现，给人极大的压迫感。

法国心理和行为疗法医生斯特法妮·哈胡索（Stephanie Hahusseau）认为，滥用权威的倾向与我们的生活经历息息相关，"如果一个人在童年时经常受到攻击和专制的对待，被迫接受一些价值判断，或遵守某种单一的行为模式，那么成年以后，他就会复制这种态度"。

在沟通中，如果我们遇到这种人，最好的应对方式就是主动认可他，寻找他的优点表示欣赏的姿态，避免自己沦为其获得存在感的工具。

1. 审视自己的观点

如果别人不同意自己的观点，你首先就要仔细想想自己的观点是不是真的正确；其次是要自问：自己提出这个观点，是真的出于善意吗？如果是，就不要在乎别人接受与否，表达你的善意就可以了。

2. 不要自高自大

不要给人自高自大、唯我独尊的感觉，这不但不会令对方畏惧你，还会使其对你表示鄙视。

3. 切忌说话尖刻

任何人都不是你的出气筒，别让你的言辞成了他们忌恨的缘由，多多关心身边的人，与他们谈话时尽量体谅他们的难处，从他们的角度出发，予以同情和善意的劝告。

4. 不要无动于衷

喜欢强迫别人接受自己观点的人，往往是喜欢说、不喜欢听的人，因此需要培养倾听的习惯。这要求你在别人说话的时候，不要无动于衷，而要适当给予附和，时不时提出自己的意见，听到别人迸发出的妙语警句时，更要大大赞赏一番。

与自己不喜欢的人沟通，不妨给予他"无条件认同"

【难度系数】★★★★
【适应人群】不知道如何和不喜欢的人相处的人

【适应症状】

特别讨厌某个大学室友，对方做什么都看不惯，可是天天都得见面相处。

身为销售人员，每次遇到"鸡蛋里挑骨头"的客户，就特别讨厌，脸上却要做出笑容，小心地端茶倒水说着好话。

明明很讨厌某个同事，却还要努力隐藏好自己的情绪，假装很友爱的样子，毕竟彼此每天都要见面，更何况还有工作上的问题需要相互沟通，但是下了班之后，绝对不会跟这个同事打交道。

【沟通情境】

阿聪与阿呆是一对无话不谈的好朋友。阿聪的人缘很好，大家都喜欢和他聊天，愿意与他在一起工作。而阿呆呢，就没那么幸运了，在办公室老是被同事欺负。

一天，阿呆请阿聪吃饭，向他抱怨职场的辛酸事。这时，阿呆突然看见他最讨厌的一个同事走了进来。

"讨厌的人来了，我可不想搭理他。"阿呆不想和他打招呼，想要假装没看见。

"为什么呢？"阿聪问他。

阿呆解释说，这个人说话时态度非常蛮横，是一个非常没有礼貌的家伙，对新员工总是颐指气使的，自己早就看不惯他了。

阿聪却说："他看起来好像没那么招人讨厌啊，至少不像你说的那么可怕，会不会是你多想了呢？或许是你在逃避他。你这样做，只是因为你讨厌他。而他可能也觉得你不怎么喜欢他，因此对你也就不那么友善了。人们往往都喜欢那些喜欢自己的人，你怎样对待他，他就会以怎样的方式对待你。我建议，既然看到了，最好还是上去打个招呼吧。"

阿呆想了一下，还是走了过去，满脸带笑地问好："牛哥，没想到在这里遇上你，看你这身打扮，好像是刚去了游乐园呀。"

那人看着阿呆，一脸的吃惊："阿呆啊，是啊，好不容易今天有空，陪孩子去了趟游乐园……"

"游乐园好玩吧？牛哥你平时工作那么忙，压力肯定很大，好不容易有个机会歇歇，一定要好好放松放松。"

"最近项目催得急，你也好久没好好休息了，趁周末好好歇歇，周一新项目就下来了，咱们好好干。"

这次意料之外的交谈，一下子扭转了阿呆对牛哥的印象。

如果你讨厌某个人，但又必须与他接触，与其每次接触时心里憋屈得要死，不如好好想想你为什么讨厌他？当你给予他"无条件认同"，尝试站在他的角度看问题时，你对他的看法会不会有所不同？

【解决方法】

没有人能够取悦所有人，所以讨厌是相对的，而不是绝对的。

为什么我们会讨厌一个人呢？

心理学家认为，这是由我们的自我保护机制决定的，它是大脑给我们的一种反应机制，是帮助我们避免危险的重要方式。因此，我们讨厌别人的心理，其实是一种自我保护，一旦有些人的行为我们无法忍受的时候，我们内在的安全感被触动了，就会觉得这个人不友善，觉得他可能对我们产生一定程度的威胁或伤害，这时我们的自我保护机制就开始起作用，就会本能地产生讨厌的情绪。

有时候，讨厌心理也是我们内心的投射。心理学研究发现，人们常常不自觉地把自己的心理特征，比如个性、好恶、欲望、观念、情绪等，归属到别人身上，认为别人也具有同样的特征，这其实是自我内心价值观的折射。一旦发现别人不符合这种价值观，就会讨厌他们。

可见，讨厌是一种主观的情绪，而不是客观的观察，很容易导致片面、狭隘甚至错误的认识，阻碍彼此的沟通。就像俗话常说的"情人眼里出西施"，同样，仇人眼里也会出魔鬼。当我们喜欢一个人时，他就是天使；当我们厌恶一个人时，他就是魔鬼。

没人喜欢与魔鬼打交道，但我们却免不了要和讨厌的人打交道，这时要怎样沟通，才能不冒犯或者触怒他们，使交流始终处于一种相对平和的气氛呢？

1. 如果对方只是你眼中的魔鬼

如果对方只是你眼中的魔鬼，而是其他人眼中的天使，那就说明你对他的认知可能有偏差，你就需要放下自己的偏见，接受双方的差异，尊重对方的不同，挖掘对方身上的闪光点，真正地

高难度沟通

认识他，你对他的态度就会有所转变，由最初的讨厌变成欣赏。

我们大多数人与人沟通时，总是喜欢以自己的想法去衡量别人。每一次与人接触，我们都担心别人会怎样看待自己，其实，别人也在担心我们会怎样看待他们。假若我们不以自己的想法去衡量对方，而是从对方的角度想问题、认同对方，那么，我们也会得到对方的认同。

2. 如果对方是很多人眼中的魔鬼

如果对方确实特别让人讨厌，攻击性特别强，大家都不喜欢他，但你在工作上又免不了和他接触，这时你至少要做到不让对方讨厌你：

不提或少提建议，因为忠言逆耳，很容易引起对方的反感，而且因为你们价值观不同，你的建议也不一定适合对方。

不深交，不主动接触，必须要沟通时只讲双方共同的话题，不谈个人私事，不给对方攻击你的把柄。

不在他面前说别人的坏话，也不在别人面前说他的坏话，因为世上没有不透风的墙，坏话终究会传到当事人的耳朵里。

不管他讲什么、有什么想法，你都不妨给予"无条件认同"，尽量去适应对方。比如，对于心思比较细、重视礼节的人，如果沟通时大大咧咧，那你们之间就不可能建立起和谐融洽的关系。相反，对于不拘小节的人，如果沟通时过于小心谨慎，对方就会令人厌烦，自然也不会建立起良好的人际关系。

沟通中出现误会，先看看自己表达清楚了吗

【难度系数】★★★★
【适应人群】说话表意不明，经常被别人误会的人
【适应症状】

　　需要你就某事发言时，你总是会先说长段客套话，却讲不到重点上去。

　　你往往无法说清楚你的观点，给他人造成误导。

　　为了显示自己的文化水平高，说话时总是喜好"拽词"，让人摸不着头脑。

　　如果当你叙述完一件事情，可是听众却不断对你已经说过的内容进行质疑或提问。

　　你总是会说一些令人产生歧义的言语，引起误解。

【沟通情境】

　　新加坡著名作家尤今早年做记者时，曾委托一位同事帮她去商店买圆珠笔。

　　买之前，她再三叮嘱同事："不要黑色的，记住，我不喜欢黑色，暗暗沉沉，肃肃杀杀。千万不要忘记呀，12支，全部不要黑色。"

　　结果，第二天上班，同事把那一打笔交给她时，她差点昏过去：12支，全是黑色的。

她埋怨同事买错了，同事觉得自己好心帮忙，结果没得到感谢，反而是抱怨，也很生气，并振振有词地反驳道："你一再强调黑色的，黑色的，我在外头跑了一天，累得要死，脑子昏沉沉，走到商店里的时候，脑子里只记得个印象最深的词：12支，黑色，于是就一心一意地只找黑色的买了。"

其实，只要尤今言简意赅地说，"请为我买12支蓝色的笔"，相信同事就不会买错了。这件事给尤今很大的触动，从此以后，尤今无论说话、撰文，总是直入核心，直切要害，不去兜无谓的圈子。

当沟通中出现误会，你首先要想的不是对方有多蠢，连句话都听不清楚，而是先要审视自己：我真的表达清楚了吗？

【解决方法】

沟通时，我们经常会遇到自己的话被误解的情况，这大多是因为我们自己表达不清楚。

生活中，我们可能曾遇到这样的情况：有人滔滔不绝地对你说了很多话，他说的每个字你都听得懂，但这些字组合在一起，你却不知道他想要说什么，因为他说话的内容没有逻辑，语句没有重点，就像是一串串杂乱的数字一样，让人找不到半点规律，也就没法记忆，没法分析。

听他说话时间一长，你的脑袋就开始嗡嗡作响，心里变得焦躁起来，甚至忍不住暗暗骂道："你唠唠叨叨了半天，到底想说什么啊？"因为听不懂，就只会记得其中印象最深的词，就容易误解对方的意思，引发不必要的冲突。

心理学研究证实，人的大脑最不容易记住繁杂无序的信息，如果大脑无法在各种信息碎片之间建立起联系，尤其是那些对于个体来说已经熟悉了的信息，大脑就很容易忘记它们。也就是说，如果你说话时没有把你要表达的观点进行归类分组、打包组合，一会儿说东、一会儿说西，那么对方肯定会蒙圈，完全听不懂你在说什么，或者是听了也记不住。

因此，当沟通中出现误会，你首先要审视自己：你的表达够清楚吗？

要想在沟通时把话说清楚，让对方听得懂，避免引发误会，你在说话时就要遵循"PREP+"原则。

"PREP+"原则，是一套让你迅速组织语言，简明扼要地表达观点的说话原则。P 是指 Point（观点），R 是 Reason（理由），E 是 Example（例子），第二个"P"指重申观点（Point），最后的"+"是指灵活地进行表达的升华。

"PREP+"原则，就是按"观点—理由—举例—观点—升华"的顺序说话，先说观点，然后陈述理由，并列举具体的事例，再重申观点，加强对方的重复记忆，最后可以按个人喜好进行一个表达的升华，做一个完美的 end！

这其实是典型的金字塔思维：结论先行，先摆出自己的观点，然后用证据来支撑这个观点，对支撑观点的信息进行归类分组，打包成几个模块，每一个模块提取一个关键词，然后逐一说明，使你说的话逻辑通顺、条理清晰、观点明确，这样对方自然就容易记住你的观点了。

1. 语言要通俗易懂

例如涉及某些专业问题时，如果听者不是专家学者，应改用浅显、平易、朴实的语言，少用专业术语，更不可咬文嚼字，故作高深。如果听者是具有较高文化素养的人，语言可以稍微文雅些，让自己的谈吐适应他们的水平。

2. 少说套话，直奔主题

套话少说，清晰明确地表达自己的意见。但不要为了省略而只说简短的语言，以免让别人产生误会。

3. 多读多写，勤学苦练

多阅读经典美文，练习写作，可以修炼自己的语言组织能力。此外，在说话前深呼吸，仔细思考所说之言的顺序，避免发言时逻辑思维混乱。

别人正在说话时，怎样优雅地插话又不冷场

【难度系数】★★★★
【适应人群】喜欢插嘴，情绪焦躁、固执的人

【适应症状】

很少安静地听别人讲话，会时不时地打瞌睡或搞小动作。

总是不分青红皂白地打断对方的话，发表自己的意见。

长辈在讨论事情时，总会时不时地插两句。

不等别人把话说完，就中途插话，但又弄错了别人问话的意图。

常常因打断别人说话，导致对方不高兴，使得场面非常尴尬。

当对方不想听你说话时，你会转身就走。

【沟通情境】

阿聪在镇上盖了一套三层的楼房。房子快要完工时，镇上专门安装铝合金门窗的阿呆来找他，想让阿聪把安装门窗的活儿给他做。

两个人一番交谈后，阿聪说："虽然我们以前不认识，但通过我们刚才的谈话，我知道你安装门窗的经验很丰富，如果我把门窗交给你来装，相信你能做得很好。但是在你今天来之前，我以前的一个同事找到我，说他下岗了，想让我把门窗安装的活儿给他做……"

阿聪的话还未说完，阿呆便插话了："你是说那东跑西走的阿瓜吧？他最近是给几家安装了门窗，但他那粗糙手艺，怎能和我比？"

阿聪有些不高兴，说："不错，他是手工作业，没有你那先进的设备，但他目前已下岗在家，资金不够丰厚，只能这样慢慢完善，出于同事之间的交情，我不能不让他做！"

听了这话，阿呆只好怏怏离开了。

事后，阿聪的妻子问起这件事，阿聪说："他没听懂我的意思，把我的话给打断了。本来，我是暗示他，做铝合金门窗的人很多，不只他一个上门来请求安装。我已经打听过了，他做门窗做了很多年，安装熟练，样子也很美观，但他的报价有点高，我提阿瓜，不过是想杀杀他的价格，可他不等我说完，就打断了我的话，还话里话外地攻击阿瓜，这就有点过分了。我宁愿找别人，也不能找他来安装门窗了。"

我们想说的话还没说完，就一直被对方打断插话，虽然对方的话说得很有道理，但我们还是会特别生气，因为感觉自己不被对方尊重，自然就不想和对方沟通。

【解决方法】

许多人总是过分相信自己的理解和判断能力，往往不等别人把话说完就中途插嘴，这种急躁的态度，很容易造成损失，不仅弄错了问话意图，中途打断对方，还有失礼貌。

故事中的阿呆就是如此，他想要抢着说同行的坏话以争取阿聪的信任，却因为自己的抢话而损失了一笔生意，真是典型的"偷鸡不成蚀把米"。

还有一种人，是完全不顾及别人的想法，只按自己的心意说话。他们总是在别人津津有味地谈着某件事情的时候，在说到高兴处时，冷不防地半路杀进来，让别人猝不及防，不得不偃旗息鼓。他们不会预先告诉你，说他要插话了。并且他不管你说的是什么，只是急着将话题转移到自己感兴趣的方面去，有时是把你的结论代为说出，以此得意扬扬地炫耀自己的光彩。无论是哪种情况，都会让正在说话的人顿生厌恶之感，因为随便抢话、打断别人说话的人根本就不知道体谅别人、尊重别人。

而对于讲话者来说，最讨厌的一件事，莫过于说话时被人打断、插话了，这不仅是因为自己的思路被打断，还因为感到自己不被尊重。英国思想家培根曾说："打断别人，乱插话的人，甚至比发言冗长者更令人生厌。"所以，在多次被打断、插话后，正在说话的人常常会发出这样的抱怨："你让我把话说完，好不好？"

这时候，作为插话的人，你要做的，就是真诚地道歉，然后耐心地等对方把话说完，再提出你的疑问，发表你的观点。

与人沟通时，要想获得别人的喜欢与接纳，就必须要克服随便打断别人说话、插话的坏毛病，这需要你做到以下几点：

1. 插话的"五不"原则

不要用不相关的话题打断别人说话；不要用无意义的评论打乱别人说话；不要抢着替别人说话；不要急于帮助别人讲完事情；不要为争论鸡毛蒜皮的事情而打断别人。

高难度沟通

2. 等别人说完再提问

在别人说话时，你没有听懂某句话，就立即问道："很抱歉，你刚才说什么？"或是"等等，你刚才这句话能不能再重复一遍？"这是特别失礼的行为，会让人感觉自己不被尊重，失去与你沟通的兴趣。

正确的做法是：即使你真的没听懂，或听漏了一两句，也千万别在对方说话途中突然提出问题，必须等到他把话说完，再提出："很抱歉！刚才中间有一两句你说的是……吗？"

3. 群聊时插话的技巧

看到大家在微信群里聊得很嗨，你也想加入，但你说话却被大家漠视，或者直接停止聊天。要避免这种尴尬，我们要学会找"关键话题制造者"，找到这群人里的"意见领袖"，然后运用双方共同的话题，先和这个人一对一地聊天，其他人自然就不会漠视你了。

4. 有紧急事情要插话的技巧

如果别人正在说话，但你确实有紧急的事情要和他说，必须要打断他的话时，你一定要礼貌地询问对方："对不起，我插一下话可以吗？"如果对方同意，你一定要注意说话言简意赅，直接说重点，绝对不要长篇大论，而且插完话后要说"对不起，请继续"。

5. 配合对方的谈话

打断别人说话，是一种失礼的行为。但只是默默地听别人说话，不做半点回应，也是很不礼貌的行为。因此，在别人说话时，你要注意使用一些感叹词或肯定词来肯定和赞美他人的话，表明你真正听懂了对方的话，这才是倾听的正确方式，能为你赢得他人的欢心。

6. 多做性格修炼

经常打断别人的话、插话的人，大多性格急躁，因此要注意修养心性，比如多看书、饮茶，这些事情会让你变得更加有耐心，有助于能安静下来聆听别人说话。

能听会问，抓住沟通中最关键的信息

别人对一件事再三推辞，你要学会听对方的弦外之音

【难度系数】★★★★

【适应人群】听不出别人弦外之音的人

【适应症状】

对方新店开张，邀请你带朋友在开张庆典那一天过去玩，你害怕打扰别人，就没有去，事后才知道别人是叫你过去捧场。

你喜欢一个女孩，几次约她一起看电影，对方却以工作忙为由拒绝了，结果却在商场看到她与朋友买衣服。

领导正忙的时候，你去向领导询问一件事的处理，领导叫你"看着办"，结果你真的自己看着处理了，领导又不满意。

【沟通情境】

编辑小A约作家B为刊物写一篇稿子，恰巧编辑部召开会议，于是便也邀请了作家B。作家B刚一进会场，小A就冲了过去："太好了！太好了！我一直在等您的稿子呢！"

"糟糕！"作家B一拍脑袋，拱手说，"抱歉！抱歉！稿子落在家里，忘记带了。"接着又拍拍小A的肩膀："明天，明天上午，你派人来拿，好吧？"

"没关系！"小 A 一笑，"不用等到明天，我一会儿开车送您回去，顺便拿。"作家 B 一怔，也笑笑："可惜我等会儿不直接回家，还是明天吧！"

座谈会结束后，小 A 到停车场开车回家。转过街角，他看见作家 B 和另一个作家在等出租车。小 A 摇下车窗热心地问："到哪儿去呀？"另一个作家说，陪 B 回家。小 A 一听，马上停下车将他们两个人拉上车，边开边说："我送您回家，顺便拿稿子。"

"我家巷子小，尤其一到这假日，车停得满满的，不容易进去。"作家 B 拍拍小 A 说："你就把我们放在巷口，我明天上午把稿子给您送去。"谁知小 A 说自己顺路，一定要去，他硬是转过小巷子，一点一点往里挤，开到作家 B 的门口。

"我还得找稿子呢！再说这巷子不好停车。"作家 B 有点着急了，"没关系，您不是说放在桌子上了吗？"小 A 回答。正说着，后面的车子已经打响喇叭催促了。

"你还是别等了吧！"作家 B 一拍车窗，不好意思地说："告诉你实话，我还没写完呢。"小 A 这才明白过来，闹了个大红脸。

中国人说话历来讲究含蓄，有些话不好直说，就会绕个弯子来讲，希望对方听出自己的言外之意，避免伤了双方的和气。如果你听不懂这些弦外之音，一个劲儿地追问，反而让彼此陷入尴尬。

【解决方法】

阿拉伯文学的主要奠基人纪伯伦曾经说过："如果想要去真

正地了解一个人的意图，不要去听他说出来的话，而是应该去听他没有说出来的话。"

确实，一个人的实质，不在此人显露的一面，而在此人所不愿显露的另一面。因此，要真正了解一个人，就不仅要听他说出的话，更要听懂他话里的弦外之音，即那些他没有说出的话，捕捉到对方心里最真实的想法。

有些人讲究含蓄，一向不太喜欢直接说出自己内心的真实感受，而是会从言谈之间不经意地流露出来，尤其是在说到不好说的话时。这时，如果我们不竖起耳朵仔细听，听懂对方的言外之意，就很容易造成误解。比如，我们在工作中询问领导对某件事的看法时，领导常常会说一句"你看着办吧！"很多时候，这句话并不真的是"你看着办"，而是表示暂缓谈这个问题。

与人沟通时，人们之所以会绕弯子说话，主要有三个原因：

第一个原因，是站在他的立场，他不能对你直说，于是就用弦外之音来提醒你，或者表达他真实的意图。

第二个原因，是他不方便直说，比如场合不对，或是在场的人有他或你的竞争对手，不方便对你直言，就不得不说一个弦外之音，希望你能够领会到他的真实想法。

第三个原因，是他还没想好要怎么回复你，于是就用一个弦外之音告诉你先缓一缓，再想一想。

这时，对别人的话用心加以辨别和分析，是非常重要的。我们应该根据当时交往的情景，联系交往对方平时的为人，分辨出对方的"言外之意，弦外之音"。

1. 措辞习惯流露出的"秘密"

一个人的语言反映其出身和阶层，除此之外，人的措辞也能表现出其深层心理。比如习惯使用第一人称单数的人，独立心和自主性强，和他们谈话不要针锋相对，需要适当表示赞同和符合。

2. 说话快慢所传递的信息

其实最能反映人心的还是语速的变化，比如当双方沟通时，其中一方心怀不满或者持有敌意态度，那人说话的速度就会变得迟缓。如果有愧于心或者说谎时，其说话的速度就会快起来。

比如，一个男人每天下班都按时回家，而某天他下班后和同事一起消遣去了，回到家时，他马上跟老婆说他加班了，而且诅咒工作繁忙。在这个过程中，他的语调一定会比平常快，因为快速说话可以解除内心潜在的不安。

3. 音调抑扬顿挫背后的心理

当两个人意见相左时，一个人提高说话的音调，即表示他想压倒对方。那种心怀企图的人，说话时就一定会有意地抑扬顿挫，制造一种与众不同的感觉，以期能吸引别人的注意力。因此，在和人说话时，对方的音调变化也是你要留意的。

面对一时不好解决的问题，通过问话来层层递进

【难度系数】★★★

【适应人群】总是直接问话的人

【适应症状】

好心给朋友提意见，结果朋友不听，就气得不行，甚至跑去质问朋友为什么不听。

说话总是直来直去，有什么说什么，常常无意中得罪人。

向客户推销产品，但客户犹豫不定，总是下不了购买的决心。

【沟通情境】

有一天，孟子觉得齐宣王有些作为并不能与一个好国君相称，于是对齐宣王说："假如你有一个臣子把妻子儿女托付给朋友照顾，自己到楚国去了，等他回来时，他的妻子儿女却在挨饿、受冻，对这样的朋友该怎么办？"

齐宣王不知道孟子的用意，于是非常干脆地回答说："和他绝交！"

孟子又问："军队的将领不能带领好军队，应该怎么办？"

齐宣王也觉得问题太简单，于是以更加坚定的口气回答："撤掉他！"

孟子终于问道："一个君王没有把国家治理好，又该怎么

办呢？"

齐宣王这才明白了孟子的意思——国家治理不好，应该撤换国君。虽然他不愿接受这种观点，但是在孟子层层剥笋的巧妙言说之下，也只有接受这种观点了。

面对一时不好解决的问题，通过巧妙的问话由浅及深，层层递进，往往能成功解决问题。

【解决方法】

曾经有这样一个著名实验：把一只青蛙放到盛有沸水的锅里，它会在瞬间跳出。如果把它放到冷水的锅里，再慢慢加热，等到它觉得忍受不了水的温度再想跳出时，已经无法动弹了。这个实验的方法运用到沟通中，就是要你通过问话来层层剥笋，一步步逼出对方的真实想法。

与人沟通时，为了让他人接受自己的意见，人们往往会在最开始的时候问一些看似跟主题无关紧要的话，被问者也是非常不在意地回答，到了最后，当被问者突然意识到问话者话里有话的时候，为时已晚，他已经掉到对方设的陷阱里，爬不出来了。

孟子就使用这种方法，给齐宣王提了三个问题，这三个问题有内在的递进逻辑，与齐宣公的关联程度也越来越深。刚开始齐宣王没有意识到孟子问这些话到底是因为什么，前两个问题的目的性非常模糊，直到最后一个问题提出，他才顿悟：原来，孟子是在用这样的方式提醒我啊。

这种说服法就像剥笋。笋有多层外皮包裹，剥笋时总得一层层地剥开，才能剥到所需要的笋心。所谓层层剥笋，就是在说服他人的过程中紧扣主题，从一点切入，逐层展开，直至揭示问题的本质，进而达到让对方就范的目的。恰当地运用层层剥笋术，可使我们的论证一步比一步深入，增强我们语言的说服力量。

说服别人是要讲究技巧的，如果孟子一开始就提出第三个问题，齐宣王非但不会改，反而可能会加罪于他，这就得不偿失。层层剖析，由浅入深，不但可以在最开始隐藏自己的真实目的，还可以顾及对方的接受程度，慢慢地将对方"吃进"。

要通过问话来抽丝剥茧，层层递进，就要懂得问话的三次反应原则。所谓的三次反应原则，就是在提问时遵循三个法则：

1. 先问开放性问题，后问是非题

在高难度沟通中，有时需要适当地绕一下路，才能真正抵达目标。你应该先问对方开放性问题，消除对方的戒心，然后再问关键的是非问题，了解对方的真实想法。你的提问必须遵循三个原则：把脉络补上，找到支持证据，破除一概而论。

2. 提问不要一棒子打死，而要预留台阶

沟通中为什么会出现僵局和冲突？往往是因为沟通的一方或双方感到自尊受到了威胁，所以为了维护自尊，才固守自己的观点。而当人的自尊没有受到威胁时，却很有可能做出改变。"可能是我弄错了""或许是我没听懂"等等，这一类的句型有强大

的暗示力，特别是对方的基线出现偏离时，先接上这句话再邀请对方响应，对方会觉得和你对谈是安全的，他就有很大的可能愿意沟通。

3. 适当地沉默，仔细观察对方的反应

喋喋不休地表达自己的观点，不仅容易让对方反感，而且也不利于你仔细观察对方的反应。因此，你要懂得在沟通中适当地沉默，给对方说话的机会，从而了解对方真正担心与在意什么。适时的提问，会让对方透露更多真实的信息，更有机会了解彼此，而不是用想象在跟对方互动。

问完问题后，你还必须仔细留意对方的回答是否明确，如果对方在你使用以上三个法则时没有明确地说"不"，那说明他被误导的概率非常高。

尤其要注意一点，就是当你提出关键性问题后，一定要停下脚步确认，对方究竟有没有回答你的问题，还是只是打个"擦边球"，试图转移你的注意力。

如果对方试图转移话题，你只需要"态度温和，立场坚定"地把问题重复询问，直到对方说出明确的答案。这么一来，对方也会了解把话说清楚是对彼此最好的做法。

如果对方的回答十分严密、完整，似乎是准备好的一套说法来说服你时，你可以突如其来地从中间挑选一个时间点，以"倒车式"由后往前询问更多细节，然后仔细观察对方的肢体和行为反应，观察他怎样处理这个信号，是否出现偏离基线的行为。

摸不透对方的心理时，可以多种问话方式杂糅

【难度系数】★★★★
【适应人群】总是猜错别人想法的人
【适应症状】

总是别人说什么就信什么，结果被别人耍得团团转。

和朋友出去吃饭，问朋友吃什么，朋友说"随便"，然后就按自己的想法选菜，结果朋友却嫌东嫌西，好好的一顿饭，最后谁都不高兴。

女友经常无缘无故地冲自己发脾气，自己问女友，女友却说"你做错了什么，自己不知道吗？"真是"女人心海底针"。

【沟通情境】

小 A 最近在公司经营上遇到了些困难，需要大批资金才能渡过难关，于是找到小 B，想让小 B 加大一些采购量。但要是直接对小 B 讲，小 B 肯定会拒绝，这样就没法谈下去了。

于是，小 A 找到小 B 后，没直接说自己的要求，而是问小 B："老兄，最近怎么样，还是挺忙的吗？"

小 B："有时忙有时不忙的。"

小A："嗯，办公司不容易啊，风险随时都有，忽视了哪一块儿都不行，你说呢？"

小B："是啊，办公司都是这样的。"

小A："我听说最近有不少公司在裁员，缩减成本，大家压力都很大啊，你们公司也这样吧？"

小B："是啊，经济大环境不好，大家都勒紧了裤腰带过日子，成本不减不行啊。"

小A："在利润上做点功夫不行吗？"

小B："说的容易，怎么做啊？"

小A："在货源采购上想想办法不行吗？"

小B："货源采购？这个不好办。产品质量不好的话，怕积压。质量好了，又怕价格太高，采购不起。为了在短期内渡过困境拿高价钱买货，成本不还是很高吗？"

小A一听，对方原来是担心这个啊。

小A："一直这么拖着公司怎么发展啊，正常运转也会受到影响的。就没想过用降价的方式销售产品，薄利多销？"

小B："说是这么说，你降别人也会降，这样还有得赚吗？"

小A："嗯，也是。所以还是要从采购这个根源上下功夫。如果精简采购途径，找一个或者集中的几个货源商供货，不就减少了不必要的投入，利润也会高一些吗？"

小B："嗯，说的也是。我明白了，你今天一直说采购的事，今天找我就是这个目的吧。"

小A："其实咱们都是老客户了，我的产品你也应该放心，所以真的希望你好好考虑一下我刚才的话啊。"

小B："嗯，好的，我一定好好考虑一下，你说的也有道理。"

小A将直接发问、肯定发问、否定发问杂糅在一起，组成一套问话的组合拳，巧妙问出了小B的真实想法，并成功地引导对方按自己的思路走。

【解决方法】

与人沟通时，我们很难直接看透别人的内心，这时候用提问来诱导对方说出真实想法并不容易。但如果问的方法不对，就容易让别人心生戒备，这时候就要掌握一点问话的技巧，灵活运用多种问话方式，诱导对方跟着你的思路走，你自然就能了解对方真实的想法。

1. 多种问话方式杂糅

与人沟通时，我们常常需要提问来了解对方的想法，而提问的方式，主要有直接发问、肯定发问、否定发问。

直接发问，是为了最迅捷地感受对方的反应；肯定发问，是让我们的问话有更多的可信度；否定发问，则是为了获得对方肯定的回答和进一步探讨下去的可能。

在商业活动中，任何一次对话都不是简单的你问我答。为了尽早看透对方的心思，就要学会杂糅各种问话术，肯定、否定、反问、设问。对方摸不透你的问话意图，却不自觉间被你的问话牵引思路，反复多次，对方的真实意图就不难被发现了。

故事中的小 A 先用直接发问的形式询问了对方的近况，又用肯定问句的形式了解对方缩减成本的情况，最后，在否定发问中让对方就某一问题给予回答。这种多种句式不断变换的形式，一定程度上可打乱对方的思维模式，让他不知道你想问他什么，同时，避免了一种句式给人的厌倦感和压迫感。这种问话的绝妙之处在于，它是一种共情心理，按照对方的情绪发展问下去，对方的话匣子就更容易被打开。

2. 利用衍生问题提问

在做数学证明题的时候，我们常常用到这个关系：因为 a=b，b=c，所以 a=c。其实，读心术也常常用到这种间接的推理方法。当直接询问不能达到目的时，会向被询问者提及这个问题的衍生问题，在其无意识的坦诚下最终得到原来问题的答案。

在心理学上，这种通过衍生问题获得答案的方式被称为"投射效应"。这就是说一个人在没有任何证据的情况下怀疑你在做某件事，那说明很可能他自己正在做这件事。我们平时所说的"贼喊捉贼"就是这个道理。

利用衍生问题可以看透一个人真正的内心想法，但不是所有的衍生问题都可以让我们得到想要的回答，所以选取衍生问题一定要合情合理。一个合适的衍生问题，要与原问题有关联，但又不能有太明显的关联，以免"打草惊蛇"，让对方察觉出你的真正意图。

要确定对方是否在撒谎，只需要不停地追问细节

【难度系数】★ ★ ★ ★
【适应人群】**无法辨别谎言的人**
【适应症状】

交了几个男朋友，都是谎话连篇的渣男，搞不懂为什么自己总是遇到渣男。

见客户时，同事总是能一眼看出客户哪些话是真、哪些话是假，而自己却什么也看不出来。

总是别人说什么就信什么，因此上学时没少被同学捉弄，没少被朋友骗钱。

【沟通情境】

李刚正在面试一个应聘者，他感觉对方总体来说还是不错的，但总感觉哪方面不对。

李刚："我想听一下，在你做过的所有事情中，哪件事是让你最引以为豪的？"

应聘者："最让我自豪的应该是在我高考前一个月，由于我不小心，手部骨折了，在复习最紧张的时刻住进了医院，就在别

人觉得我没法考好的时候，我却利用住院的那段时间拼命复习，终于在高考的时候考出了理想的成绩，走进了自己梦寐以求的大学。"

李刚："手骨折了还能写字？"

应聘者："是，我恢复得比较好。"

李刚："你哪个手骨折了？"

应聘者："左手。"

李刚："是全部骨折了吗？还是只是某个手指？"

应聘者："只是某个手指。"

李刚："哪个手指？"

应聘者："呃……我有些记不清了。"

李刚："记不清了？你不会看一下自己的手吗？"

应聘者："伤口恢复得挺好，我记得好像是小拇指吧。"

李刚："小拇指？但是你的简历上写的是食指？是笔误？好吧，下一个问题，你大学学的是什么专业？"

应聘者："我学的是企业管理，所以我才来咱们公司面试，相对来说比较对口。"

李刚："还记得都有哪些课程吗？"

应聘者："这个呀，我刚才可能没说清楚，企业管理是辅修的，不是主专业。"

李刚："好，你的主专业是什么？都有哪些课程？"

听到这话，应聘者的脸色已经非常难看，或者非常尴尬。他一直支支吾吾，说自己记不清了。李刚已经失去耐心了。

"好了，你不用再演戏了，高考前的受伤是假的是不是？是为了换取我们的同情，还是为了让我们因此对你刮目相看？大学的学历也有问题，专业课都搞不清，就想蒙混过关？你的面试结束了，不好意思，你被淘汰了，再见！"

【解决方法】

沟通中，总有些人为了显示自己的与众不同、高人一等，或者由于对工作迫切的需求而在简历和过往经历上作假，他们这样做的目的就是为了使自己的经历更加丰富，比别人更加优秀，从而为自己谋取更多的机会。因为他们事先经过了伪装，做了准备，沟通的过程中就不易被发现。

俗话说得好："百密终有一疏。"再精心伪装的谎言都留有破绽，只要你抓住这些破绽追问下去，就能揭穿对方的谎言。不过，正在说谎或试图说谎的人，他们的心理一定会先武装起来。"如何除去他的武装"就是揭穿其谎言的关键所在。如果这时你正面跟他冲突，他一定会强词夺理把你反击回来。

美国有研究显示，一个普通人分辨谎言与真话的平均正确率只有大约 54%。要想提高这个概率，尤其是在你没有充足证据的情况下，确定对方是否在撒谎，不停地追问细节是一个极好的方法。

1. 不停地追问细节

怀疑对方在撒谎时，如果你直接告诉对方："你有什么话干脆直说好了，不用跟我兜圈子撒谎。"只会激起对方的反驳，坚决不承认撒谎，反而让沟通陷入僵局。这时候不妨顺着对方的话，追问一些细节，如果对方回答时支支吾吾，撒谎的概率就很高了。

面试的时候，很多人都会在简历上造假，他们往往会在自己的学历、工作经历、取得的荣誉等方面做手脚。诸如：英语专业八级，在学生会担任重要职务，有著名国企实习经验等。面对这样的求职者，可揪住类似细节穷追不舍地问，具体到无法具体之时，对方的马脚自会露出来。

2. 注意对方回答时的反应

说谎者在说谎时往往有心虚的感觉，特别害怕别人问到撒谎的部分，因此在被别人问起时，往往避而不答，或是支支吾吾，答非所问，或是啰里啰唆解释一大堆。这些都是心虚的表现，只要趁机一再追问细节，就能让对方露出马脚，揭穿对方的谎言。

如果对方对你提出的问题没有做出任何反应，首先你要确定他是否听到或彻底了解了你所提出的问题。有些人不愿意承认自己没听清或没听懂问题，这也是很常见的事。有的人在忙着手头上的事，通常还没有反应就忽然转移了话题，他自己却浑然不知；有的人对问题理解错误，却以为已经作了回应。在这种情形下，没有反应不是什么大事，只要再多问一些，应该很快得到答案。

如果有人一直用简单的回答来敷衍你，就太不寻常了。他为什么会有这样的反应？他的回答是不是太过简单？如果对方一直用"是"或"不是"来回答你，你就要提高警惕了。而且，说谎者的短短回答往往伴随着紧张、恐惧、困窘，甚至有些气喘。

冗长的回答有时会隐藏或歪曲事实，有的人在回答时长篇大论，将事实散布其中。这样的反应表明他内心充满不安，他怕你识破他。于是，将事实与谎言混合在一起，让你自己去挑拣分辨去吧。

你不用对他的每句话都怀疑，可以细心研究话里的含意。想想他回答的是不是很充分？他的肢体语言是不是能给人一种坦率的感觉？你可以对他响应的内容做出检测，看回答的内容是不是前后一致。如果他是在信口雌黄，前言不搭后语，那么可能表明他心情紧张，缺乏安全感。如果内容连贯流畅，那有可能他想控制谈话的方向或是想对你有所隐瞒。

面对百依百顺的伴侣，怎样问出他的真实意图

【难度系数】★ ★ ★

【适应人群】伴侣对自己百依百顺的人

【适应症状】

男朋友脾气很好，什么都听我的，我要什么就给我买什么，一直觉得他是世上最好的男朋友，结果他却突然提出了分手。

女朋友特别温柔体贴，每天为我做饭、洗衣服，从来没有怨言，却因为一件小事突然某一天离家出走了。

和老公结婚后，从来没红过脸，是外人眼里的模范夫妻，没想到却发现老公在外面有了小三。

【沟通情境】

小美和丈夫结婚两年后，越来越觉得看不懂丈夫了。无论她提什么要求、问什么问题，丈夫都没意见，都顺着她。刚开始小美感觉很好，后来越来越觉得不对了。

小美："是不是我做什么事你都顺着我？"

丈夫："是啊，给你充分的自由和发言权啊。"

小美："你就不能为我做些决定吗？一个女人怎么能总像男人一样去决定事情呢？"

丈夫："你这个女人很奇怪啊，我事事顺着你还不好？非要

每件事都管着你，让你听我的？"

小美："但是你好像事事都不关心啊，这是为什么？"

丈夫："哪有，你又多想。"

小美："当一个男人对他的女人事事都不关心，什么都无所谓的时候，你知道女人的内心感受是什么吗？"

丈夫："你想得太多了。"

小美："这个女人会很伤心，然后会想男人是不是对她不感兴趣了，你觉得呢？"

丈夫："唉，让我怎么说你好呢？"

小美："说吧，你是不是有别的想法了？对我什么都不关心，什么都让我去决定。"

丈夫："……"

最后，丈夫什么也没有说。只是在过了一段时间之后，和小美好好地谈了一下。他承认对小美的感情已不如从前，有些厌倦。没过多久，双方就协议离婚，各自寻找自己的新生活去了。

【解决方法】

当一个人对自己的伴侣百依百顺，通常有两种原因：

第一种原因，是这个人特别爱自己的伴侣，愿意为伴侣付出所有，所以什么事都依着伴侣，不干扰，让伴侣按照自己的意志去做事。

第二种原因，是这个人对自己的伴侣已经失去了兴趣，不愿意花时间和精力去与伴侣争论，也不在乎伴侣做什么决定。

故事中小美的丈夫就是这种心理，他已经不爱小美了，所以不想为小美的事操心了。而小美因为最开始不知道丈夫厌倦了这段感情，所以才对他的事事不关心有疑惑，才想去询问。这种询问是寻着丈夫的话问下去的，是按照对方的思路进行的。

开头时，丈夫还遮遮掩掩，毕竟是夫妻，路没走到尽头。但随着问话的一步步深入，小美的探知欲越来越强，丈夫不得不默认了对这段感情丧失兴趣的内心感受。因为已经没有兴趣，当然不会再干涉妻子做的任何事。

1. 有疑惑就问，问出真相

现实生活中，当男女交往的时候，男人的百依百顺通常会让女人在最初阶段幸福不已，她会想：终于找到一个尊重自己、真正爱自己的男人了。如果男人一直这样，对女人不管不问，女人就要警惕，有可能是情感厌倦或者破裂的前兆。男人是种猎奇动物，一旦失去兴趣，就会丧失探寻的动力。注意到这种迹象，女人就要勇敢地问出心中的疑惑，很多事都是在云遮雾罩的时候让人疑惑，一旦"窗户纸"点破，问题就会看得明明白白。

2. 如果伴侣出轨，开诚布公地谈一谈

当伴侣有了外遇的时候，一部分人首先想到的就是离婚。伴侣的不忠固然可恨，可离婚并不是件容易的事情，更何况一个家庭的建立，双方都付出过大量的心血。原谅对方，心中的痛苦和

愤怒实在难忍，感情裂痕也难愈合，似乎也太便宜了对方。一般情况下，有些家庭的小舟就是这样倾覆的。

"外遇"的发生有多种诱因，发生"外遇"后夫妻的心境也大不一样。只要夫妻感情尚在，那么，一旦一方有了"外遇"，不仅受伤害的一方，就是有过失的一方也是十分懊丧的。那种"一哭二闹三上吊"、轻易撕破脸皮的做法是不可取的。辱骂可能有一时的抑制作用，却不能解决根本问题，弄不好，反使对方丧失"自尊"，破罐子破摔，直接倒向"第三者"那里。

最理智的方法是，双方开诚布公地谈一谈，看究竟感情复合的机会有多大？第三者在中间占多大分量？如果夫妻双方都认为婚姻尚有维系的希望，则应针对以往婚姻失败的原因多加思考并及时改进，以修复夫妻感情。如果夫妻双方都认为婚姻无法再继续维系，两个人继续生活在一起是痛苦的，则暂时分居或离婚也许是最好的选择。

演讲时听众反应冷淡，就用提问来互动一下

【难度系数】★★★★

【适应人群】不知道互动的人

【适应症状】

每次产品宣讲会时，只知道夸夸其谈自己的现状、公司的现

状，而不知道与观众进行互动。

每次上课都精心准备，但学生们觉得听起来很乏味。

每次上台讲话，都只知道照着演讲稿讲，看着下面的听众打哈欠、玩手机，根本没在听，觉得很沮丧。

【沟通情境】

新产品发布会上，小海被安排上台演讲，向客户介绍公司的最新产品。为了演讲成功，小海下了很多功夫查资料，做好 PPT 更是排练了好久，甚至能把所有 ppt 的内容倒背如流。

然而，当他站到台上"侃侃而谈"的时候，客户的表情却齐刷刷地写了三个大字——不耐烦。有些客户直接就玩起了手机，有些客户直接就起身离开了。事后，公司领导也批评小海："你怎么讲得这么无聊啊，都不知道提几个问题，和大家互动一下吗？"

小海羞愧得不行。

和小海不同，苹果之父乔布斯可是个深谙演讲互动的高手。在一次介绍苹果公司新一代 iPhone 手机时，乔布斯看到听众对长时间的产品功能介绍有点疲惫，于是向听众抛出了这样一个问题："不知道在场的听众有没有发现上一代 iPhone 手机在网络连通上存在一些不便利的方面？"

乔布斯这样的发问，令现场的气氛轻松活跃起来，让听众感觉演讲者说的情况就发生在自己身边，亲切而温暖。

让听众参与你的演讲，有一个简单的办法，给他们一个没有危险性的问题，让他们举手回答。这一动作不仅可以提高听众的精神状态，而且还能提高他们的接受能力。

【解决方法】

沟通是增进双方感情的最好方式之一。一个善于沟通的人，他会使他说的影像浮映在听众的眼前，而那些不会沟通的人，只是笨拙地使用平淡无味的语言，结果让听众昏昏欲睡。

在演讲中，演讲者要找准时机，与观众进行沟通和交流。在适当时机，提出一个合理而简洁的问题让听众参与讨论，不失为一个好办法。通过对问题的讨论和回答，可以增进演讲者和听众的感情。然而，过于晦涩难懂和尖酸刻薄的问题，其带来的后果也是不堪设想的。所以，正如苹果创始人乔布斯所说："在适当的情形下与听众有一个合理的互动，演讲者的威信和亲和度才会有所提升。"这个道理，同样适用于日常沟通。

互动，指的就是事物之间的互相作用和互相影响。在沟通过程中，不仅仅要影响听众，更要关注听众的反应，并据此改变自己说话的策略。沟通是双方面的，甚至是多方面的。当你面对听众说话的时候，如果你只一大套一大套地把自己想好的话讲出来，而不了解听众的看法和兴趣，不能观察听众对你的话有什么反应、有什么疑问，不能及时地解除对方心理的症结，那你就不能算是一个好的谈话者。

比如，你是一个商店职员，对一个上门的顾客滔滔不绝地宣传自己的货物如何优质，那顾客对你如簧之舌、天花乱坠的说法一般会比较免疫，大多会认为这不过是一种生意经，决不会相信并立即购买。反过来，你如果给顾客说话的余地，询问他对货物的评价，了解他的真实需求，反而比较容易成交。

可见，在沟通中适时巧妙地提问，可以避免交谈中的利害冲突，让谈话继续下去，有时甚至还有可能掀起谈话的高潮。

既然提问是增进互动的好方式，那么如何提问才能称得上巧妙呢？下面就来介绍几个提问的小技巧：

1. 选择型提问

这种提问方式多用于朋友之间，表明双方并不在乎如何选择。例如，你和朋友一起去酒吧，你不知他的喜好，便问："咱们要燕京啤酒，还是青岛啤酒？"

2. 协商型提问

如果你要别人按照你的意图去做事，你可以用商量的口吻提问。例如，你要秘书起草一份文件，先把意图讲清，随后问一句："你看这样是否妥当？"

3. 限制型提问

这是一种目的性很强的提问法，也就是给所提的问题限制一个范围。它能帮助提问者获得较为理想的回答，减少被提问者拒绝回答的可能。例如，香港一般茶室客人喝可可时，都喜欢放个鸡蛋。侍者在客人要可可时必问一句："要不要放鸡蛋？"有好多客人就回答说不要，但是如果侍者要问："放一个还是两个鸡蛋？"这样对方的选择范围就小了，提问者就可能得到一个满意的回答。

4.婉转型提问

为了避免对方拒绝回答出现尴尬局面，可婉转地提出问题。如，一个小伙子遇到了心爱的姑娘，但不知姑娘怎么想，他可以试探地问："我能陪你走走吗？"如对方不愿意，她的拒绝也不会令小伙子太难堪。在日常交际中，一般不可问别人有多少钱，不可问女子的年龄，不可问别人的家世，不可问别人工作上的秘密。

第三章

接受冲突，从『这不对』到『再和我谈谈』

面对冲突和差异，隐忍不说是最坏的选择

【难度系数】★★★★

【适应人群】害怕面对冲突的人

【适应症状】

害怕和人起冲突，不喜欢和人争辩，凡事都采取"息事宁人"的态度，一遇到事情就告诉自己算了吧、没必要，最后却让自己更难受。

在与人发生冲突时，想的往往是回避，希望对方可以认同自己，可以变得和自己所想的一样，那么就不需要有冲突发生了。

在发生冲突时，经常想明确表达拒绝和抗议，却终究不敢说出来，只是默默憋在心里，寄希望于别人帮忙解决。

【沟通情境】

一位教授要坐高铁去另外一个城市讲课，但因为路上遭遇堵车，到达火车站检票口的时候，只剩5分钟就到发车时间了。这时候检票的闸门已经关了，一位工作人员对他说："已经过了检票时间，没办法再上车了，请改签其他车次吧！"

这位教授说："不是还有5分钟吗？我必须要过去，有几百

人等着我上课呢。"

工作人员指了指头上的提示牌："开车前8分钟，停止验票进站。"

教授不死心，向工作人员求情说："火车还没开，你就让我过去吧。"

工作人员摇摇头，坚决不放。

教授一下子情绪上来了，和工作人员大吵了一架，然后就在他们吵架的时候，时间过去了，火车开走了，而保安也过来了。

没办法，教授只好离开，打电话给讲课的主办方，请对方推迟一下讲课时间，并立即去售票窗口，改签时间最近的车次。

当时，围观他们吵架的人觉得：这位教授和工作人员吵架，虽然确实能宣泄一下情绪，让心情稍微好转一点，但上火车的目的还是没达到啊，还显得他蛮横无理，何必呢？

但第二天，那个火车站改了一个规定，把"开车前8分钟，停止验票进站"，变成了"开车前3分钟，停止验票进站"。

可见，有时候冲突也是好事，虽然那位教授没达到上车的目的，但却为后来的乘客谋到了福利。

试想一下，如果这位教授害怕面对冲突，隐忍不说，默默走开去改签，结果会怎么样呢？

【解决方法】

"如果我改变不了你，不能确保你一定认同我说的，那么我宁愿去委屈自己认同你，也不希望爆发冲突，也不希望你觉得我不好。"这是很多害怕冲突的人的心理：希望获得他人的认同，并愿意为此委曲求全，忍受种种不便和痛苦。

冲突最大的坏处，是有两个风险：第一个风险，是破坏关系。在沟通时，如果你与对方发生冲突，对方可能就不理你了，你们的关系就断了。丧失了这种关系，你可能会陷入孤独。其实大多数人都害怕孤独。因此，比起这种孤独的恐惧，人们往往更愿意选择妥协忍耐，起码这样还有关系，即使这样得来的关系不稳固。

但如果你换一个角度去想，你害怕关系断裂，难道对方就不害怕了吗？对方和你一样，也是有感情需要的人，他也会害怕陷入孤独。

另一个风险，是受到惩罚。有时候，一次激烈的冲突，会让双方原本友好和谐的关系破裂，变成敌对、仇恨的关系，别人就可能因此打击你，惩罚你，报复你，给你穿小鞋，做伤害你的事。因为害怕自己的利益受损，在面对冲突时，很多人会选择忍耐，息事宁人。

当你这样想的时候，意味着你把别人都想象成了一个小气、计较、记仇的人，认为对方会记得你带来的每点伤害，并随时会在有机会的时候报复你。你之所以会这样想，多半与你的童年经历有关：你的家人肯定总是拿离开你、不管你等类似的话给你带来伤害。

你要相信，不是每一个人都那么脆弱，你给别人带来一两点伤害，别人不一定会因此远离你、忌恨你，甚至报复你。那些内心强大的人，根本没你想的那么在意你们之间的冲突，也没你想的那么无法承受你带来的冲突和伤害。

当然，敢于面对冲突，是化解沟通僵局的第一步，但真正能化解沟通僵局的，还是要懂得化解冲突的技巧。

1. 控制情绪

在沟通中，尤其是有挑战性的沟通中，你要对付的最强硬的人，是你自己。如果你的情绪受到你自己的控制，你便能更好地引导谈话方向，取得积极的结果。

2. 始终聚焦问题

这是解决冲突的一个关键。你的对手可能表现出破坏性的行为方式，会让你的注意力离开问题。在你们的讨论中，不管冲突的核心问题是什么，在核心问题上产生了哪些不同行为、不同方式或不同观点，关键是要把中心放在问题上，而不要放在你或倾听者的个人观点上。

3. 积极倾听

在存在冲突的环境中，你对对方问题的倾听和理解能力，对产生积极的结果是至关重要的。产生分歧时，你说得越多，场面就会更加恶化；同时，另一方面，你听得越多，越有可能取得对方谅解。积极倾听是成功解决冲突的一大途径。

4. 保持率真而诚恳的态度

有时人们很担心如果对对方太好的话，尝试着表达自己的观点时,可能显得含糊不清,不够诚实。对冲突问题既不要和蔼过头,也不要采用中庸之道;要表现出足够的率真和诚恳,努力解决问题和分歧,得到正确结果;尤其要注意的是社交场合应该避免唯唯诺诺。

5. 假定对方的用意是好的

假定对方的用意是好的,能够让你免受攻击,这是因为想把你的注意力从了解对方的意图上转移开来,把注意力放在了你所看到的行为上。如果你能够转移注意力,就改变了和其他人解决问题的行为,并且你会步入建设性的轨道。

6. 寻找解决问题的方法

如果你正在解决问题或冲突,全部重点一定是想要和对方找到解决问题的方法。只有倾向于解决问题,最终才能取得重大改进,才能更正错误,或使事情比以前状态要好。

被人误解后，要尽快当面解释清楚

【难度系数】★★★

【适应人群】害怕和陌生人搭讪的人

【适应症状】

被闺蜜误会是拜金女，两个人大吵了一架，谁也不理谁，尽管心里很后悔，但却不知道该怎么解释。

被喜欢的女生误会是个花心大萝卜，几次想要找她解释，但她都不相信，最后甚至避而不见。

被同学误会抢了他保研的名额，几次想要找同学解释，却不知道怎么开口。

被同事误会在上司面前说他坏话，导致上司训斥他，想要解释，同事却根本不听。

【沟通情境】

晋文公一次用餐时，厨官让人献上烤肉，肉上却缠着头发。文公叫来厨官，大声责骂他说："你存心想让我噎死吗？为什么用头发缠着烤肉？"

厨官叩着响头，拜了两拜，装着认罪，说："小臣有死罪三条：我找来细磨刀石磨刀，刀磨得像宝刀那样锋利，切肉时肉都断了，可是粘在肉上的头发却没切断，这是小臣的一条罪状；

拿木棍穿上肉块却没有发现头发，这是小臣的第二条罪状；捧着炽热的炉子，炭火都烧得通红，烤肉烘熟了，可是头发竟没烧焦，这是小臣的第三条罪状。君王的厅堂里莫非有怀恨小臣的侍臣吗？"

文公说："你讲的有道理。"就叫来厅堂外的侍臣责问，果然有人想诬陷厨官，文公就将陷害他的小人杀了。

生活中，我们可能会遇到被人误解、甚至因此与人产生矛盾等突发情况，这时我们很容易因为委屈、愤怒而做出一些不理智的举动，但这些行为不仅处理不了问题，还会使情况变得越来越糟糕。

【解决方法】

人与人沟通时，难免会产生一些误会。我们千万不能小瞧误会，它随时可能为我们的沟通制造障碍。误会常常会给别人带来痛苦；造成伤害，也给自己带来伤痛。所以，我们不能随便误解别人，一定要了解情况后再下结论。被别人误解后，也一定要及时寻找机会，解释清楚。让误会少一些，让快乐多一些。

那么，如果我们被误会，又该怎样做呢？

1. 消除自我委屈情绪

出现误会后，不必为自己辩解，不要总认为自己正确、有道理、不被理解。心中怀有委屈情绪的人，必定不愿开口向对方作解释。这种心理障碍妨碍彼此间的交流。此时，多替对方着想，无论他是气量小也好，不了解真相也好，不理解你的一番苦心也好，都不必去计较，只要你真诚地向他表明心迹，误会便会消除。

2. 查清原因

产生误会后，一方怒气冲冲，充满怨恨、敌视；一方满腹狐疑，委屈压抑。双方隔阂越陷越深，而且一谈即崩，大有新的误会接踵而来之势。此时，需要冷静，你必须下一番功夫全面调查，搞清楚对方的误解源于何处，否则，凭你费多少口舌，也难以解释清楚，搞不好，还会越描越黑，弄巧成拙。

3. 尽快当面说清楚

误会的类型千奇百怪、多种多样，但最简捷、最方便的解决方法便是当面说清，大多数人也都欢迎这种方法。有人由于懦弱，不敢当面对质，结果把问题搞得极为复杂。记住，如果有的误会需要亲自向对方作说明，你一定不要找各种借口推脱，一定要克服困难，战胜自己，想方设法当面表明心迹，绝对不要轻信第三者的只言片语。

4. 越拖越被动

有人被误会搞得焦头烂额，总觉得心中有难处，不好启齿，结果碍于情面，时间越拖越长，误会越陷越深，到最后无限制地蔓延，形成了令人极为苦恼的结果。所以，有了误会要迅速解释清楚，时间越长，就越被动。

5. 请他人帮忙

作为被误解的对象，你已经上了对方心中的黑名单，你的话变得不可信，你的解释也被看成是掩饰，怎么解释也解释不清楚。这时，不妨借助一个在你们之间有影响力的第三人，请他帮你去解释，反而比较容易厘清误会，帮助你们重归于和。

面对别人的抱怨，先听他说完

【难度系数】★★★★

【适应人群】害怕面对抱怨的人

【适应症状】

一听到别人说抱怨的话，就一走了之，躲得远远的。

听到别人指责自己哪儿做得不对，就气急败坏，跳出来指责对方的不是，誓要压过对方。

听到别人抱怨某人某事时，无动于衷，总是左耳朵听右耳朵出，没有任何回应，因此激起对方的愤怒。

【沟通情境】

秦先生不久前在一家品牌服装店买了一件外套，穿了几天后，他发现这件衣服掉色，还把他最喜欢的一件衬衣领子染成了蓝色。

他怒气冲冲地拿着这件衣服，来到这家品牌服装店，找到当时卖给他衣服的售货员，想说说事情的经过。可更让他愤怒的是，这位售货员根本不听他的陈述，只顾为自己寻找借口。

"这样的衣服我们已经卖了好几百件，"售货员一脸倨傲地说道，"可从来没有人说过有染色的问题，你是第一个这么说的，请问你究竟想要干什么？"她的这番话，明显是在指责秦先生：你是在撒谎，你想诬赖我们。

秦先生非常生气，和这个售货员当即吵了起来。这时，另一个售货员走了过来，制止了两个人的争吵，并对秦先生说："先生你好，其实所有深色的衣服刚开始洗的时候，都多多少少会有掉色的问题，这个一点办法都没有。特别是这种价钱的衣服。"

听了这话，秦先生更生气了，第一个售货员怀疑他的诚实，第二个售货员说他买的是便宜货，这真是他见过的最差的售货员了。最让人吐血的是，她们根本不愿意听秦先生说话，总是不等秦先生说完就打断，翻来覆去地说"衣服褪色是正常现象""这衣服没有质量问题"，明里暗里地指责秦先生无理取闹。

秦先生见和她们说不通，越是说，她们越是认为他是上门来找碴的。于是，他扔下衣服，对她们生气地说道："这件衣服我不要了，你们爱扔哪儿扔哪儿去吧，你们这家店我惹不起，以后再也不敢登门了。"

就在这个时候，店长来了。店长礼貌地拦住了秦先生，请求秦先生说明自己的要求。在秦先生说话的时候，店长一句话也没说，耐心地听秦先生把话说完，了解了衣服的问题和他当时的态度。然后，她向秦先生真诚地道了歉，说这样的衣服有些特性没有及时告诉顾客，请求他把这件衣服再穿一个星期，如果还有掉色现象，她保证给秦先生退货，并询问秦先生要不要换一个新外套。

秦先生听了这话，反而不好意思了，表示不用换新外套，然后心平气和地回家了。

面对冲突，两个售货员火上浇油，让冲突越演越烈，而店长却三言两语就化解了，这其中的差别，就在于店长懂得倾听顾客的抱怨，这既是对顾客的尊重，也便于了解顾客的需求，并满足顾客的需求。

【解决方法】

抱怨有时可以让人一时舒心，但如果抱怨太多，就会令人厌烦了。别人没有听你抱怨的义务，你的抱怨如果与听者毫无关系，会让对方不耐烦，如果你经常抱怨，下次别人看见你便会躲得远远的。

有研究显示，假如一个人接受超过半小时的负面言语刺激，就有可能减少脑部海马区内神经元细胞的数量，而海马区的主要作用就是解决问题。简单来说，就是如果你听多了抱怨，你的脑子就会变得蠢钝，解决问题的能力就会下降。正因为如此，人们不喜欢听人抱怨。

但不喜欢听人抱怨，就没人抱怨了吗？不，抱怨的人还是一大堆，而且他们就在你的身边，不管你怎么躲都躲不开。

如果你在与人沟通时，听到别人抱怨，你无动于衷，或是走为上策，沟通就陷入了僵局，不是吗？这个时候，要想让沟通继续，你需要做的，就是倾听对方的抱怨，从中寻找到某种方法，来击破对方那种自认被动性、怪罪他人、充满无力感的循环，同时坚持强调以解决问题代替抱怨的重要性。

尽管这做起来很难，但专心倾听对方谈话确实是应付抱怨者最有效的方法。为什么呢？原因有四个：第一，凝神倾听给予抱怨者消灭怨气的机会，一个人一旦把所遭遇的难题用言语倾吐出来，则其间所感受的挫折、恐惧，以及因事情不对劲而衍生的大量不平衡情绪，均能获得减轻。切莫忘了抱怨者常因问题依然存在而被动地感到愤怒，此种压力若没有舒缓的机会，他们势将永远无法采取较具建设性的行动去解决问题。第二，若有人愿意倾听他们的诉说，将降低抱怨者因感到"被摒弃"及自己的无能为力而形成更严重的抱怨行为。第三，只有倾听他们所说，方能获得自己所需的资讯作为采取下一步应付之道的参考。第四，利用专心倾听的方式，你也许发现对方只不过需要他人的同情而已，根本称不上一个只会抱怨的人。

1. 专注地倾听

认真地倾听对方的抱怨，全身心地站在对方立场上去听、去理解他，特别是要"听"出对方肢体语言所表达出来的真实信息，多从对方的角度着想，对方一定会非常感激你的通情达理。这样，你就为双方架起了一座同理心的沟通之桥，沟通自然会很顺畅。

2. 有所表示及承认

与爱抱怨的人沟通，光是倾听还不够，还要对他所说的内容加以表示或承认过失，这表明你真正听懂了他的抱怨，也充分理解他的感受，当然你必须要以严肃的态度来对待这些问题。

要做到这一点，你需要在听完对方的抱怨后，复述你所认为对方话语中的重点所在，最后则以你个人的最佳猜测为结论，表示你了解对方对于这项事件所必然产生的感受。

或是平静地反问对方："那你打算怎么办？"因为大多数时候，爱抱怨的人并不是真的想解决问题，也不是要寻找同情，他们就是要发泄内心的不满，当他们发现抱怨并不能解决问题后，就会知难而退，认真思考解决方法。

3. 做好打断对方谈话的准备

与爱抱怨的人沟通，绝对不能任由抱怨者滔滔不绝地说个没完，而要注意在合适的时机打断对方，比如你若想对抱怨者有所表示，往往在抱怨者话语中一连串的"还有""但是"等连接词时，就是你打断、插话的最佳空当。

此外，一旦你已经发现了对方抱怨的重点所在，应立即阻止他继续说下去，当然你阻止的态度必须异常礼貌而坚定。

4. 使用较具限制性的形容词来回答

爱抱怨的人说话时，喜欢使用诸如"常常""永不"等字眼来形容任何事，譬如他可能会宣称你"永不"回电话，或该移交的工作"经常"迟迟未交等。如果你要与他沟通，就要在回应对方抱怨的同时，把对方所抱怨的特殊时间、地点或事实牢牢盯住，用较具限制性的形容来作有限度的承认，将有助于对方抱持有望解决问题的想法，这也正是这些应付抱怨者的最终目标。

需要注意的是，你必须握有正确的资讯，才可这样回答，如果企图以微妙的手法来改变事实，只会导致对方对你更加不信任，对你产生更多的抱怨。所以，如果确实记得对方何时打电话来你没有回电，将有助于你的回答，你可以如此较具限制性地表示："你在星期二和星期五打电话来过，而当时确是响了八九声才有人去接的。"

对待冷言冷语，只需回应无法证实的假设部分

【难度系数】★★★★
【适应人群】听到别人的冷言冷语就气愤地反击或一味沉默的人
【适应症状】

经常义务帮辅导员策划、组织活动，却被同学们暗地里嘲讽"马屁精"。

面对婆婆的冷言冷语，想要反击回去，却又担心老公夹在中间难做人，只好憋在心里。

生下宝宝后没有在家专心照顾宝宝，而是立即回归职场，白天忙工作，晚上照顾孩子，却得不到老公的理解，被讽刺是"女强人"。

如果你被提拔了，有一个同事对你言听计从，有一个对你不冷不热，有一个对你冷言冷语，你会怎么办？

【沟通情境】

某大学外文系的女生宿舍里，一个女生新买了一件最流行的衣服，正美滋滋地在镜子前试穿，向室友们展示她的新衣服。室友们都夸赞她穿这件衣服很漂亮。

这时，另一个女生推门进来，看了看那个女生身上的新衣服，撇了撇嘴："衣服倒是很漂亮，可惜穿在了你身上，真是暴殄天物啊！"

"哼，难道穿你身上就好看啦？"

"当然，我穿什么都比你好看。"

"你个水桶腰，还穿什么都好看，真是马不知脸长！"

"那也比瘦竹竿好呀。"

……

两位女孩一言不合吵了起来，差点大打出手。

生活中的冷言冷语易伤自尊心不说，还经常让我们下不来台，这时我们可能会本能地进行反击，结果却招致对方更强有力的讽刺挖苦、侮辱打击，使矛盾和冲突激化。但如果不反击，心里的不平之气就得不到消解。这时，怎样做才是正确的选择呢?

【解决方法】

在生活中，不可避免地会听到伤人的冷言冷语，这种尖酸刻薄的话，常令人感到难堪和不悦。说这类话的人的心态，或嫉妒或蔑视，但目的都是要让人难以忍受，刺伤他人的自尊，打击对方。听到冷言冷语的人往往气在心上，性格激烈的免不了反唇相讥，正中对方下怀，更加中伤诽谤，双方免不了一番唇枪舌剑，闹得两败俱伤。

其实，听到冷言冷语就火冒三丈，失去冷静地大打出手，是非常不明智的。这样会让自己动了肝火，随了他人的意。不但不能解决问题，反而伤了彼此和气。要化解冷言冷语带来的伤害，有很多很好的方法，大可不必唇枪舌剑干戈相向。如果再有人对你冷言冷语，不妨试试以下几种对策。

1. 探根究源，有的放矢

对你冷言冷语的人通常会有某种目的。你不妨先分析他话中的用意，找出言外之意，再针对重点做反击。某位语言专家曾如此建议：把攻击的话拆开来，只回应无法证实的假设部分，这样可以使自己避免受伤害。

2. 正面出击，一语中的

勇敢面对他人的冷言冷语，也是很有效的方法。动之以情，喻之以理，达到化解冷言冷语的目的。正视对方的眼睛，问他知不知道他说出这样的话，是让人很难受的。更进一步要他设身处地为你想想，假如同样的话是针对他而说的，他会作何感想。也可以严肃地请他解释他话中的意思。对方一旦被你窥破了意图，自然会感到羞愧。

3. 冷漠待之，一笑置之

冷言冷语虽然尖酸刻薄，令人愤慨，但大多是些无聊的话，没有必要把它们放在心上。心胸宽广自然事事顺心。面对想看你笑话的人，不妨意味深长的一笑，或者可以借此自嘲一番。如果你的朋友对你说："看你戴什么鬼帽子呀，像个瓶盖似的。""耶！有时做做瓶子也蛮不赖的嘛。"这样的回答幽默而得体，对方听了也不得不报以一笑，反而会为自己的失礼而抱歉。

4. 心理预防，自我暗示

即使是亲人或最亲近的朋友，偶尔也会有冷言冷语相对的时候，虽然他们或是出于无心，或是出于爱护，但这种情况同样令人难堪。就算是我们自己也难免会有得罪人的地方。及早打心理预防针，增加心理免疫力。不妨想想，失败一百次，总有一次成功的机会；成功一百次，总有两次失败的厄运；就算是最好的朋友或最凶狠的敌人，也会因为说了轻率的话伤害你而后悔不已。

听到自己不以为然的意见时，该不该反驳

【难度系数】★ ★ ★ ★

【适应人群】不知道什么时候该出声反驳、什么时候该闭嘴的人

【适应症状】

在妈妈微信群里听别人说国外奶粉有多么好，国产奶粉有多么不好，心里很反感，当即呛了回去。

在参观博物馆时听到别人发表一些错误的观点，当即指出别人的错误，甚至与别人争论起来。

家庭群里看到父母总是转发一些虚假的养生消息，想要劝说父母，却又不知道该怎么开口。

自己的好朋友在社交场合说了一些不得体的话，或是发表了很不正确的意见，想反驳却怕伤害朋友，想救场又不知道如何下手。

【沟通情境】

阿瓜和阿聪是室友，阿瓜是个懒汉，而阿聪却很勤快。

早晨起床后，阿瓜不但不收拾床铺，也不刷牙洗脸。阿聪看不过去，就替他叠好被子。这时，阿瓜不仅没有半点愧疚，还振振有词地对阿聪说："反正晚上睡觉时还要拆开，完全没必要叠。"阿聪没有说话。

吃完早饭后，阿瓜将碗筷一推，一动不动地坐在沙发上玩游戏。阿聪只好一个人收拾桌子，洗刷碗具。这时阿瓜还是不帮忙，还劝阿聪说："反正下顿还要用，完全没必要洗嘛。"阿聪还是没有说话。

到了晚上睡觉时，阿聪让阿瓜洗个澡，这样既讲卫生，又有益于健康。阿瓜懒得动，又振振有词地说："洗了还是会脏，完全没必要洗嘛。"阿聪气得说不出话来。

刚开始，阿聪还能忍，但后来就忍不下去了，决定好好惩治一下阿瓜，让阿瓜自生自灭。

一天，阿聪起床后，只做了自己一个人的早饭。阿瓜来到饭桌前，见没有自己的碗筷，便嚷道："我的饭呢？"阿聪却说："反正你吃了还要饿，那何必去吃呢？"

到了晚上睡觉的时候，阿聪也同样只顾自己，不管阿瓜。阿瓜见状，焦急地问道："你怎么把被褥都收起来了，我睡哪儿啊？"阿聪说道："反正你迟早要醒，又何必睡呢？"

阿瓜急了，叫道："不吃，不睡，不是要我死吗？"阿聪泰然答道："是啊，反正你总是要死，又何必活着呢？"阿瓜听了，哑口无言。

与人交往中，我们经常会听到一些自己不赞同的意见，这时你会直接出言反驳，还是默不作声，当作没听见呢？这其实要看我们面对的人是熟人还是陌生人！

【解决方法】

美国作家、演说家马克·吐温曾经说过：光靠大声叫嚷，并不能证明什么事情。一只母鸡不过下了一个蛋，却每每要咯咯地叫一阵，好像它生下了一颗小行星似的。

与人沟通时，我们免不了会听到自己不同意、不满意的话。但马克·吐温的这番话告诫我们：在与人沟通时，不管你自己的知识多么丰富，也不要借此来压倒别人，使人难堪。在别人愿意听你的意见的时候，你可以把你所知道的讲出来，给别人作参考。同时，还要声明你所知道的是极有限的，如果有错误，希望大家加以指正。

那么，在听到自己不以为然的意见的时候，到底应不应该反驳呢？这要分几种情形来决定。

1. 如果对方是熟人，可以反驳

如果在座的人，大家都很熟悉，而且经常喜欢在一起讨论问题，那么，就应该根据自己所知，讲出自己认为正确的道理。将事实如实地讲出来，给大家做一个参考。否则就会失掉互相讨论的意义，而且也就犯了对朋友不忠实的毛病，会被人家称作"滑头"。不过，在态度上应该谦虚，不要因为自己知识丰富，就显示出自命不凡、自高自大的神气来。

2. 如果对方是初识，最好不要反驳

如果在座的人，大家都是初识，你对他们的脾气、身世、人格、

作风都不大清楚的时候，那么对于那些你不同意的意见就最好不要反驳，也不必随声附和，冒充知音。

如果别人问到你时，你可以推说："这几点，我还没有好好想过。"你也可以这样说："某人的话，也有他的道理，不过，各人看法不同，仁者见仁，智者见智，不能一概而论。"

在比较陌生的场合，这不能够称作"滑头"，但如果自己明明不同意的意见，也大点其头，大加赞许，那才是真的"滑头"，虽然能够骗得那个发表意见的人一时的高兴，却被那些冷眼旁观的人所不齿，失掉他们对你的信任。

3. 如果对方当众散布谣言，应该反驳

如果有人在大庭广众之下，发表荒谬至极的意见，或散布对大家有害的谣言，那么就应该提出反驳。但是，在这种场合，需要一点说话的技巧，一方面一针见血地揭露出对方的错误，一方面又能够轻松幽默地争取大家的认同。切忌感情用事、口齿不清，不但把气氛弄得太过于紧张，而且也不能让人明白你的意见。这种时候，就需要考虑得十分周到。

4. 如果是熟人发言不当，应设法帮他解围

倘若自己熟悉的朋友，在社交场合说了一些不得体的话，或是发表了很不正确的意见，那么就要设法替他解围。那就是想出一些表面上和他不冲突的话，实际上替他补充，叫别人觉得他的意见并非完全错，只是有点偏差，或是他的本意原非如此，只是

措辞上有一点不妥而已。但事后，却应当单独地向他解释，指出他的错误。

停止争论谁对谁错，寻找双方意见的最大公约数

【难度系数】★ ★ ★ ★

【适应人群】不肯服输、凡事都要争出对错的人

【适应症状】

单身至上的女人硬要和热衷相夫教子的女人讨论"婚姻是一场灾难"。

选择北漂的青年非得和留守家乡的同学争论"是大城一张床好，还是小城一间房好"。

妈妈们之间非要争论"是奶粉喂养的孩子聪明还是母乳喂养的孩子聪明""用纸尿裤好还是用尿布好""孩子上学前班好还是不上好"。

【沟通情境】

著名翻译家杨绛和丈夫钱钟书在出国的轮船上，因为一个法文的读音，争执了起来。杨绛说钱钟书的发音不标准，带有浓浓的无锡口音。而钱钟书呢，则表示不服，对妻子说了很多伤感情

的话。杨绛也很生气，把自己能想到的伤人的话，通通喊了出来。两个人不欢而散，谁也不理谁。

杨绛气不过，找到同船一位能说英语的法国夫人，请她来对这件事做公断。这位夫人听他们两个人说完这个词后，宣布杨绛的发音是对的，钱钟书的发音是错的。杨绛虽然赢了，却突然觉得很无趣，还很伤心。她从来没想到，就为了这么一点小事，自己居然和丈夫吵得不可开交，甚至冲对方大发脾气，实在是太伤感情了。而钱钟书输了，也很不高兴，也认识到了这场吵架的错误和愚蠢。

常言："小夫妻船头上相骂，船梢上讲和。"杨绛和钱钟书两个人都觉得吵架很无聊，他们争论的初衷，都是为了保证读音的正确，而且他们争来争去，也改变不了读音的定规，只要知道正确的读音，不就好了吗？于是，他们约定：以后不妨各持异议，不必求同。

从那以后，他们没有再吵过架。遇到什么事情，虽然有时会有不同看法，但两个人一商量，就决定了，不是全听钱钟书的，也不是全听杨绛的，而是在两个人的意见中求同存异。

"我们没有争吵的必要。"或许就是杨绛和钱钟书爱情长久的原因。

我们不妨注意一下，当沟通时出现不同意见，如果我们一味地争论谁对谁错，最后结果会怎么样呢？

【解决方法】

每当有人表达自己的感受、态度或是信念时，我们通常的第一反应，都是："这是对的""这好蠢""这是不正常的""那毫无道理""那是错的""那个不好"。我们很少去了解对方话中的真正含义，去了解对方真正的关注点。因此，当我们在沟通中明确指责对方的观点和错误，不仅不会让对方心存感激，反而会激起对方的抗拒，引发争辩和冲突。

为什么我们直接指出对方的错误，却让沟通陷入了僵局呢？美国历史学家詹姆斯·哈维·罗宾在《心的形成》一书中回答了这个问题："我们常常感觉到，我们好像并没费多少情感，或是遭遇多少阻力，就把原来的意见改变了。但是，如果有人明确指责我们的错误，我们就会立刻对这些指责发生反感，而且还使我们的主意更加坚决。我们的信念往往在不知不觉中产生，但是，如果有人试图来打消我们这种信念时，我们就会十分坚决地以全力来维护它。"

心理学家高伯特普曾经说过："人们只在不关痛痒的旧事情上才'无伤大雅'地认错。"这句话虽然不胜幽默，但却是事实，因为愿意承认错误的人是少数，这是人性所决定的。沟通时，如果双方都是不愿意承认错误的人，争论谁对谁错，只会让沟通恶化，让冲突升级。

古希腊著名的思想家苏格拉底曾一再告诫门徒：我唯一知道的，就是我不知道什么。因为我们对于是非对错，其实并没有一个固定的判断标准，因此总是你有你的判断标准，我有我的判断原则。如果我们能认识到这一点，就懂得在沟通中倾听对方的观点，了解对方的关注点，发现双方关注点的差异，并从差异中寻找双方意见的最大公约数。

最大公约数，也称最大公因数、最大公因子，指两个或多个整数共有约数中最大的一个。比如，12、16的公约数有1、2、4，其中最大的一个是4。如果你的观点是12，对方的观点是16，你们都坚持按自己的标准做事，双方争执不下，谁也不肯让步，沟通就会陷入僵局；如果按照双方意见的最大公约数4，各退一步，沟通的僵局就会被打破，事情就得以继续进行了。

如果你认为有些人说的话不对，就算你确信他说错了——你最好还是这样讲："啊，慢着，我有另一个想法，不知对不对。假如我错了的话，希望你们纠正我。让我们共同来看看这件事。"

1. 认识到好争论的坏处

沟通时，你和对方争论一番，最终在口头上压倒对方，会为你赢得巨大的利益吗？不会！因为对方只是表明屈服，心里其实愤愤不平，这对你一点好处也没有，坏处却多了。

第一，好争论，可能使你损害了别人的自尊心，令人对你生反感。

第二，好争论，可能使你养成挑剔别人缺点的恶习。

第三，好争论，可能使你变得骄傲，把自身观点奉为圭臬，听不进任何反对意见。

高难度沟通

第四，好争论，可能让你失去朋友，因为争论时最容易口不择言，放出的话就像冷箭，伤人又收不回来。

2. 争论前先问自己五个问题

沟通时，当你被对方的观点激起情绪，想要与对方争论一番，争出个对错时，不妨先问自己这样几个问题：

这次争辩的意义何在？如果是一些根本就很不相干的小事情，我们还是避免争论为妙。

这次争辩的欲望是基于理智还是感情(虚荣心或表现欲等)？如果是后者，则不必争论下去了。

对方对自己是否有深刻的成见？如果是，自己这样岂不是雪上加霜，更加让对方忌恨了吗？

自己在这次争论当中究竟可以得到什么？又可以证明什么？如果证明不了什么，那又何必去争辩呢？

这次争论可能导致的最坏结果是什么？你能承担那种结果吗？如果不能承担，最好还是不要争论。

3. 把不同点说成非重点

如果必须要与对方争论，也不要把重点放在争论谁对谁错上，而是要尽量突出双方的共同点，淡化彼此的不同点，把彼此的不同点说成非重点。

如果你要表达一个与别人意见相左的观点，特别是你要说服别人相信自己的观点并抛弃原有的意见，那么你最好不要一上来就争论对错，说别人是错误的，而应该机智、委婉地表述自己的观点，然后把他引到你的观点上来，从而使他忘记自己原来的观点。

第四章

机智化解尴尬，谈话就不会不欢而散

谈着谈着冷场了，怎样把场子再炒热

【难度系数】★★★★★

【适应人群】无法与他人找到共同话题的人

【适应症状】

在冷场时，不知道怎样活跃气氛。

在一些突发事件中，不知道说什么合适的话来救场。

和友人聊着聊着就突然没有话题了。

曾有过发表某些意见或建议，无法取得共鸣或者人们的关注。

结识新朋友不知道该说些什么。

【沟通情境】

阿香和相亲对象阿瓜第一次见面，双方简单介绍了一下自己的职业、家庭情况后，就不知道该说什么了。

为了避免冷场，阿瓜问阿香："你对爱情中的普遍撒网，重点逮鱼，怎么看？"

一听到这个话题，阿香的脸色顿时变得很难看。原来，阿香的前男友就是一个背地里脚踩几只船的渣男。阿香发现后，伤心得不行，要与前男友分手。前男友跪下来哀求她，阿香最终被感动，

高难度沟通

原谅了前男友。没想到，江山易改，本性难移，前男友背着她偷偷相亲，在勾搭上一个富家千金后，毫不留恋地甩了阿香。

这件事是阿香最惨痛的记忆，却被眼前初次见面的相亲对象问起，她怀疑对方是不是听说了什么，所以特意问起，不由得心头大怒，想要起身走人。

阿瓜自然也发现了阿香的脸色不对劲，埋怨自己脑子抽抽了，怎么问女方这么一个问题。为了挽回局面，他赶紧补充说道："啊，请别介意，我这个人怕冷场，所以想给你讲一个笑话，活跃一下气氛。我听过一个讽刺对爱情不忠的故事，故事说有一个对太太不忠的男人，经常趁太太不在家把情妇带回家过夜，但又时常担心太太会发觉。所以，有一天晚上，他突然从梦中惊醒，慌忙推着身边的太太说：'快起来走吧，我太太回来了。'等他的太太也从梦中惊醒，他一下子傻了眼。你是不是听过这个故事？"

阿香的脸色缓和了下来，回答说："没有，从没听过，那后来呢？他们离婚了吗？"

"故事里倒没讲，但我觉得啊，就算不离，也得大闹一番，何必呢，你说是不是？爱情最基本的，不就是忠贞不贰吗？"

"是啊……"

就这样，两个人好像找到了共同的话题，聊得越来越起劲。

在微信群，在朋友聚会上，在办公室聊天中，有些人一说话就激起大家的热烈回应，而有些人一说话就冷场，尴尬得不行，这该如何避免和化解呢？

【解决方法】

沟通中最尴尬的局面，莫过于双方无话可说，也就是人们常说的"冷场"。这时，人们找不到可以进行互动的同频信息，他们之间的交流气场也中断了。大家似乎都在一瞬间变成了没有感情的"冰块"。

无话可说，有时候是因为一方对另一方说的话根本不感兴趣，有时候是因为你说的意思和对方的理解有偏差，有时候是因为你缺乏在某些特殊情景下的沟通技巧，有时也会因为你说的话触及了别人的"雷区"，而造成别人的不愉快，导致交谈无法继续下去。

而打破冷场的技巧，就是及时融化妨碍交往的"冰块"。其实，只要会话者掌握了破"冰"之术，及时根据情境设置话题，冷场是很容易被打破的。

1. 学会拓展话题的领域

与他人沟通时，冷场的出现，往往与"话题"有关。"曲高和寡"会导致冷场；"淡而无味"同样会引起冷场。所以，不希望出现冷场的交谈者，应当事先做些准备，使自己有一点"库存话题"，以备不时之需。

为了避免冷场，你说的第一句话，就要使人人都能了解，人人都能发表看法，由此再探出对方的兴趣和爱好，拓展谈话的领域。如果你总是以一些只有特定人群才了解的事进行提问，注定要陷入冷场的尴尬。因为如果对方不是这方面的专家，就很容易引起对方的负面情绪，从而导致双方交流气场的中断。

2. 不要一开始就问对方的职业

许多人在与初次见面的人交谈时，第一句话常常是询问别人的职业，这其实很容易踩中雷区。万一对方失业在家，那你问他的职业，就无异于逼他承认失业，这对自尊心很重的人来说是不太好的。因此，只有当你确定了别人有工作，才可以问他的职业，这样就可以谈他工作范围内的事情。如果不知对方有没有职业，或确知对方为失业者，那么还是谈别的话题为佳。

3. 采用巧妙析姓辨名的方法

在气氛不活跃时，可以针对一些人的姓名进行别致的解释，而这个巧解往往会引起他人的兴趣，促进双方话语气场之间的交流。而且对于姓名的巧解还会使讲话者的气场散发出迷人的魅力，会吸引更多在场的人，从而达到活跃气氛的效果。

4. 用风趣接话来巧妙地转移话题

在谈话中善于抓住对方的话题，机智巧接答，可以使谈话变得风趣，使话语气场散发出强大的吸引力，从而使谈话的气氛活跃起来。

比如，我们在夸奖对方取得的成绩时，对方总能回答："一般"。这个"一般"有可能是自谦之词，也有可能是肺腑之言。如果是前者，我们继续赞美对方，对方自然很受用；如果是后者，我们的继续赞美，就可能让对方不太舒服。在搞不清楚的情况下，我们最好采用谐音、双关的手法，接住对方的话茬，把原来的话题引向另一个话题，使谈话转变一个角度继续进行下去："一班的情况尚且如此，那二班的情况也就可想而知了。"双方打个哈哈，冷场的危险就过去了。

5. 适时地提一些引导性的话题

与人沟通时，实时地提出一些引导性话题，可以给他人留下谈话时间和空间，为双方的交流气场创造很融洽的气氛。这个方式可以很好地团结那些不善于当众讲话的人。这些话题可以根据对方的性格特点、兴趣爱好、职业性质等方面来设置。同时，引导性话题应该注重可谈性和可公开性。这样双方才有交流的空间。另外，在提一些引导性话题的时候，也要注意方法和策略，不要让对方感到难以回答和附和而停止。

被人故意冷落，怨恨不如想对策

【难度系数】★★★★★
【适应人群】无法与他人找到共同话题的人
【适应症状】

跟人说话的时候，只捡好听的话去说，表现得太客气，给同事一种距离感，大家渐渐就与你保持距离，你感觉自己被排挤，被冷落。

你总是疑神疑鬼，感觉别人对你有很多的看法，感觉别人总是在坑你。

介绍了一个朋友给同学认识，然后看着他们俩聊得很嗨，自己完全插不进去，心里很后悔让这两个人认识。

找别人帮忙做一件事，对方的态度却十分冷淡，不是装没听见，就是慢吞吞地做。

【沟通情境】

在初中同学会上，阿呆见到了多年不见的初中好友阿强，两个人都很激动，聊了很久。分手时，阿强还邀请阿呆去家里做客。

阿强如今已是商界大佬，每天上门来拜访的人有很多。疲于应付的他给家里的管家定了一个规矩：对关系重要的人，一定要热情招待，对于关系一般的人，一律不冷不热待之。

阿呆去阿强家的时候，刚好赶上阿强要处理一件紧急事务，就让管家把阿呆请进会客厅，好好招待。在管家看来，多年不见的初中同学阿呆，不是什么权贵人物，算不上什么重要客人，因此按原则不冷不热地接待了他。

阿呆一心以为会受到阿强的热情款待，没想到阿强却对他不冷不热，心里顿时有一种被轻慢的感觉，认为阿强根本没有把自己当朋友，坐了一会儿就找借口告辞了。

与人沟通时，遭人冷面相对的事并不少见，很多人都会像阿呆一样拂袖而去，有的人还心存怨恨，但这样除了让沟通的僵局进一步加深，还有什么益处呢？

【解决方法】

在与人沟通的过程中，遭人冷面相对是不可避免的事情，有的人拂袖而去，有的人还会心存怨恨。这样的反映虽在情理之中，却不利于办事，有时还会因小失大，耽误办事的进程。因此，遇到了冷落，要研究对策，具体问题具体分析。

按照遭受冷落的成因来划分，冷落一般有三种情况：

1.无意性冷落

无意性冷落，即对方考虑不周，顾此失彼，使人受冷落。在交际场上，主人难免照应不周，特别是各类、各层次人员同席时，出现顾此失彼的情形是常见的。这时，未被照顾到的人自然会产生被冷落的感觉。

对于无意性的冷落，我们应该设身处地为对方着想，采取理解和宽容的态度。千万不要责怪对方，也不能拂袖而去。

2.自感性冷落

自感性冷落，即对对方的估计过高，对方未达到自己的期望而感到受冷落。常常有这种情况，在准备求人办事之前，自以为对方会热情接待，可是到了现场却发觉，对方并没有这样做，而是以一种平常的方式对待自己。这时，心里就容易产生一种失落

高难度沟通

感。其实，这种冷落是对彼此关系估计过高、期望太大而形成的。这种冷落是"假"冷落，非"真"冷落。

托人办事受到冷落很常见，切忌拂袖而去、纠缠不休和怀恨在心。尤其是遇到自感性冷落时，自己应多自省，实事求是地看待彼此的关系，切忌随意猜度人和嫉恨人。

3.蓄意性冷落

蓄意性冷落，即对方存心怠慢，使人难堪。对于有意性冷落，也要具体情况具体分析，给予恰当处理。

当遇到对方有意性的冷落时，你可以给予必要的回击。但是，所谓的回击应该是理智的回敬，例如讥讽、幽默就是一种很好的方法。有时采取以热报冷的方式也是一种不错的选择：以一种毫不在乎的态度，坦然地而对冷落，以热报冷，来迫使对方改善态度。

比如，与高傲的人打交道，最容易遭受冷落，这时你就可以采取类似针锋相对的方法，即以不卑不亢的态度，揪住对方之要害给以指出，打掉他赖以生傲的资本，这时对方会从自身的利益出发，放下架子，认真地把你放在同等地位与你交往。

此外，对于对方的故意冷落，你也可以采取以热报冷的方式，这也是一种有力的武器。他之所以冷落你，就是要你在乎被冷落形成的心理落差，而你偏偏以一种毫不在意的态度，坦然地面对冷落，我行我素，以热报冷，以有礼对无礼，来迫使对方改善态度。

不小心说错了话，将错就错把话圆回来

【难度系数】★★★★
【适应人群】总是说错话的人

【适应症状】

曾因说错话造成尴尬，而感到无所适从。

说话触犯对方的忌讳，令自己处于尴尬的境地，不知道如何挽回。

说话总是不分场合、地点，而造成难堪。

在公众场合说错话，没有及时弥补，而被别人嘲笑。

【沟通情境】

在一次婚宴上，新郎和新娘向赴宴的客人一一敬酒，表示感谢，而客人们也争着向新人表示祝福。

到一位男客人时，他激动地这对新人说道："走过了恋爱的季节，就步入了婚姻的漫漫旅途。感情的世界时常需要润滑。你们现在就好比是一对旧机器……"

话一出口，男客人就意识到自己说错了话，他本来想说的是"新机器"，嘴巴里冒出来的却是"旧机器"。一桌子的客人顿时鸦雀无声，新郎和新娘的脸色也一下子就变了，因为新郎和新娘都是二婚，历经好大一番波折才走到了一起，不免以为这位男客人是有意讥讽他们。

还好男客人很快冷静了下来，不慌不忙地补充一句："已经过了磨合期，以后就顺顺当当了。"这话一说，新郎和新娘的脸色立即好转，其他客人也连连称赞。此言一出，举座称妙。这时，这位男客人又一脸真挚地对新郎和新娘送上祝福："祝愿你们永远沐浴在爱的春风里。"

这位来宾虽然一时失言，说错了话，但他将错就错，顺着错处续接下去，反倒巧妙地改换了语境，使原本尴尬的失语化作了深情的祝福，同时又道出了新人间的情感历程的曲折与相知，成功化解了沟通的僵局，避免了冲突。

想一想，你在生活中失言说错话时，能够做到将错就错，巧妙地圆回来吗？如果不是这样，那你又是怎么处理的呢？

【解决方法】

在与人沟通时，尤其是在较为正式的交际场合时，如果偶然口误导致失言，是令每一个人都感到尴尬的事。失言不但可能引起误会和不快，还有可能被对方抓住把柄，丧失在沟通中的主动地位。

不过，失言也并非不可挽救。在这种境况下，怎样把话说圆滑，让自己摆脱尴尬，不仅需要临危不乱的心理素质，更需要机智高超的说话技巧。这有不小的难度，但只要积累经验、掌握技巧，就能够在一定程度上挽回失言所带来的恶劣影响，甚至产生出乎意料的特殊效果。

1. 将错就错

在错话说出口之后，能巧妙地将错话继续接下去，最后达到纠错的目的。其高妙之处在于，能够不动声色地改变说话的情境，使听者不由自主地转移原先的思路，不自觉地顺着说者的思维而转变，随着说者的话语而调动情感。

2. 移植法

把错话移植到他人头上。如："这是某些人的观点，我认为正确的说法应该是……"这就把自己已出口的某句错误纠正过来了。对方虽有某种感觉，但是无法认定是你说错了。

3. 引申法

迅速将错误言词引开，避免在错中纠缠。就是接着那句话之后说："然后正确说法应是……"或者说："我刚才那句话还应作如下补充……"这样就可将错话抹掉。

4. 词义别解

在说错了的字、词上，利用汉语一词多义的特点加以巧妙别解，形成另外一种解释。比如，一位中年女演员穿着一件黑缎子面料制作的旗袍参加一个舞会，人们都对她赞不绝口。只有一位心直口快的姑娘说了句："穿这件旗袍老多了！"刚一出口，便觉失言，她从容地补上一句："真的，大街上穿这样的旗袍的老多了，真漂亮！"女演员的脸色一下子就多云转晴。

5. 半句道歉

"犹抱琵琶半遮面"之所以具有美感，是因为被琵琶遮掩的半面不为人所见，反倒给人留下了说不尽的朦胧与含蓄。同样，道歉的话也不必完全说出来，话留半句也会令自己摆脱难堪的窘境。比如，说了错话之后，见到对方不妨用"对不起，我刚才……"或者"真抱歉，我这脾气……"或者"我这人……对不起……"等这样的话，双方都心照不宣，说错者很容易在这种吞吞吐吐的情况下得到谅解。

需要注意的是，任何补救都要做到天衣无缝、不留痕迹，让人感到补得言之有理、无懈可击，千万不要牵强附会，或矫揉造作，这样反而会弄巧成拙，错上加错。

说话时触及他人痛处，不妨自我调侃一下

【难度系数】★★★★

【适应人群】说话不经思考的人

【适应症状】

你会时不时地拿别人的缺陷开玩笑。

对亲近的人说话，你常忽略他的感受。

批评人的时候，你会专挑对方的缺陷狠说。

拒绝别人时，你一定要讽刺一下对方才甘心。

【沟通情境】

一个大学男生宿舍里，几个大一新生正在争排大小。阿聪心直口快，见比自己小几天的阿瓜成了老小，笑着说："你年纪最小，排在最后，是咱们寝室的宝贝疙瘩，你又姓王，以后就叫你'疙瘩王'啦。"

说者无心，听者有意，原来阿瓜长了满脸的青春痘，特别讨厌别人提这事，所以当即就变了脸色，不太高兴。

阿聪见阿瓜不高兴，猜到自己可能说错了话，于是马上拿起一面镜子，照了起来。他一边照镜子，一边感叹："大诗人余光中写过一句诗，叫什么'蜷在两腮分，依在耳翼间，迷人全在一点点'，肯定是照着我写的啊，唉，这真是'一波未平，一波又起'呀！"

阿瓜听了，不禁哑然失笑——原来阿聪长了一脸的雀斑。其他人都觉得阿聪这招很聪明：无意中戳中别人的痛处，惹得别人不高兴，那就对着自己的某个痛处猛烈开火，自嘲一番，尴尬的气氛立即就消失了。

有的时候，我们可能会在有意无意的情况下，触及他人的痛处，使谈话或者场面出现难堪，采用自我调侃的方式也是一个很好的方法。

【解决方法】

经常会遇到这样的情况：你会时不时地拿别人的缺陷开玩笑；对亲近的人说话，你常忽略他的感受；批评人的时候，你会专挑对方的缺陷狠说；拒绝别人时，你一定要讽刺一下对方才甘心。其实这是一种非常缺少人情味的做法，也常常在沟通中引发冲突，导致僵局。

中国有所谓"逆鳞"之说，据说在龙的喉部以下，约直径一尺的部位上有"逆鳞"，如果不小心触摸到这一部位，必定会将龙激怒。事实上，人的身上都有"逆鳞"存在，就是我们所说的"痛处"，也就是缺点、自卑感。如果你不小心触及了对方的"逆鳞"，就会惹祸上身。

每个人都有自己的忌讳，人人都讨厌别人提及自己的忌讳。俗话说：打人莫打脸，揭人莫揭短。因此，我们在与人沟通时，必须要看清对方的短处，不要将话题引到这上来，以免招来对方怨恨，特别是在开玩笑的时候。

虽然大多时候，人们开玩笑的动机是良好的，但如果不把握好分寸、尺度，就会产生一些不良的后果。所谓"说者无心，听者有意"。因此，掌握说话艺术需要我们在生活中多观察、多总结，避开别人的痛处。只有这样，才能够准确恰当地与他人沟通。

事先了解别人的痛处、忌讳在什么地方，切忌拿别人的痛处开玩笑。

说话的时候绷紧一根弦，时刻注意不提到敏感的话题。即使对方提出来了，也只能敷衍两句，不能趁机高谈阔论一番，自以为是地附和对方。一些人在开自己玩笑时，是他自己的幽默方式，但这个玩笑的附和者只能是他自己，而不是听众。

如果不慎戳到了别人的痛处，要赶快不露声色地弥补。其中最好的办法是说出自己的类似缺陷，这样大家就"平等"了。

背后说人被当事人听到，立即将矛头指向自己

【难度系数】★★★★

【适应人群】喜欢在背后嚼舌根的人

【适应症状】

总喜欢在背后讨论别人的事情。

背地里讨论别人的事，被当事人听到，因而破坏了彼此的关系。

【沟通情境】

阿呆的单位和女友阿奇的单位就隔一栋楼，因此两个人总是搭同一辆公交车回家，并在公交车上交流双方当天的见闻。一天，阿奇一上车，就像阿呆讲起了当天公司里发生的"大事"。

"我告诉你呀，今天那个小梁上班迟到了，主任就把他当众

批评了一顿，你没看见小梁当时的脸色啊……"

她还没说几句，就发现小梁被人流挤到了她面前。看到阿奇，小梁只是表情冷淡地看了她一眼，没有打招呼。

阿奇心想，她刚才说的话，肯定被小梁听见了，顿时感到脸上火辣辣的。可阿呆并不知情，还不停地追问："后来怎么样了？"这更让她感到难堪。过了会儿，她总算想出办法来打圆场。

"哎呀，那个电视剧还有好几集呢，我还没看完呢，等我看完了再告诉你吧！"她一边说一边悄悄给阿呆递眼色。阿呆虽然不明白是怎么回事，但也不再继续追问下去了。

"小梁，真巧！你看我，光顾着说话，也没介绍一下。小梁，这是我男朋友阿呆。阿呆，这是我们公司的同事，我们都叫他小梁，与那部电视剧上的主人公称呼一样呢！"她明着打招呼，暗着解释刚才的事。

小梁听了她的话，认为是自己多虑了，便也放松了表情，与他们聊了起来。一路上，他们的气氛很和谐，刚才的紧张和尴尬也一扫而光。

世界上最尴尬的事情，莫过于背后议论人，却被人当场抓包。这时候，你都会采用什么方法化解尴尬气氛呢？

【解决方法】

在社会生活中，每天都会遇到很多的人和很多的事，对人对事也有自己的各种看法。很多时候，出于交流或其他种种目的，会自觉不自觉地向他人讲述一些自己对人对事的看法，因此就形成了"哪个人前不说人，哪个背后无人说"的社会现象。

而当你议论他人被当事人听到时，如果你的议论是正面的，那还好说。听到别人在背后夸自己，谁不乐意呢？可一旦你的议论是负面的，如被人当场逮住，看你尴尬不尴尬！更有甚者，要是因此而被人误认为品行有问题，并让你的"臭名"远扬，那你就倒大霉了！

其实，要化解这种尴尬也并不是没有办法的，只要你懂得随机应变，采取正确的应对方法，尴尬就会自然而然地离你而去。

1. 立即认错，假装糊涂

当你在背后说别人坏话时，无理地强辩只会把气氛越弄越糟。最好的方法是赶快低下头道歉！

通常来说，如果对方是通情达理的人，看到你诚心认错，往往都会既往不咎，至少也不会让你难堪或下不了台。换句话说，就是双方都装糊涂，这样才能适当化解尴尬的气氛。

当然，你必须谨记今后不要在背后议论他人，说长道短。

2. 矛盾转向，针对自己

万一你将该说的和不该说的都说得差不多了，才发现当事人就在身后，这时你应该赶紧采取措施补救，把"损失"降到最低。这时你可以装作若无其事的样子，将话语中的矛头指向自己，尽力挽回尴尬局面的影响。

例如，你可以这样说："……话虽然这么说，可是这事要是放在我身上，也许结果会更糟。说实话，平心而论，我还挺佩服他的。要是让我去干，恐怕连接受的勇气都没有……"人与人之间，最难得的是理解，最可贵的是能站在他人立场上，为他人考虑与着想。你的这番通情达理的话，极富人情味，怎会不让听者感怀不已呢？

3. 话锋陡转，移花接木

如果你在说别人的"坏话"，说到一半时发现当事人就站在你身后。这时，千万不要张皇失措，你可以把话题一转，若无其事地说："……不过，这些话都是道听途说，未必就是真的。据我了解，他为人比较正直，还真不是这样的人……"这样，你就将自己栽的一株刺变成了一朵花。要不转过头去看看，那人脸上顿时就出现了笑容。

4. 坦然迎上，正面出击

假如你正在议论某人，但并不是在讲他的坏话，而只是在陈述一件客观事实时，这个人突然从你背后冒出，还刻意地发出一声咳嗽，这时你可以马上说："真是说曹操，曹操就到！我们刚刚还提到你那次……"就这样，坦坦荡荡地把所说的内容告诉对方，不论对方听到多少，只要你说的与他听到的相吻合，他就会疑云全消。说不定他还会主动加入你们的谈话中，这时就不再有任何尴尬难堪了。

孩子童言无忌暴露"家丑"，半真半假地承认此事

【难度系数】★★★★★

【适应人群】被孩子无意中说出"家丑"的人

【适应症状】

曾有过孩子因为不懂事，把家里的私事说给客人听的经历。

因为孩子无意暴露了"家丑"，你感到十分尴尬。

孩子曾把你私下里批评同事的话告诉同事，而破坏了你与同事间的关系。

【沟通情境】

一个周六的上午，周女士带着儿子淘淘在儿童乐园游玩，碰到了单位的一个同事也带女儿甜甜来玩。这两个小孩本来就认识，一见面就玩到一块了。于是，两个大人就站在一边聊了起来。

"妈妈，妈妈，甜甜说她爷爷、奶奶下个月要来她家过年了，我的爷爷、奶奶为什么不来呢？"淘淘一蹦一蹦地跑来，气喘吁吁地问道。

"爷爷、奶奶去年来过了，今年想休息一下！"周女士轻声细语地说道。

"不对，我知道爷爷、奶奶为什么不来！"

"淘淘真聪明！那你说说看，爷爷、奶奶为什么不来呢？"

"因为我们家没有钱了！"

"哎呀，宝宝真是不得了，连这事都知道！那你是不是要节约一点呀？"

"我才不要呢！妈妈把钱都给外公、外婆了，所以我们家没有钱了，爷爷、奶奶也来不了！"听了淘淘这么一说，那同事露出了若有所思的表情。周女士知道她的同事已有几分相信了孩子的话。于是，她灵机一变，轻描淡写地说道："原来是这样呀！我就说淘淘聪明吧，妈妈做的事都瞒不过你的眼睛！"

"那当然，我是孙悟空，有火眼金睛，哈哈……！"

"那悟空，我前两天给爷爷、奶奶寄钱，给爸爸买衣服，给你买玩具，你的火眼金睛怎么就没看出来呢？"

"谁说我没看出来，我……我是想考考妈妈，看妈妈你还记不记得！"

听到这里，同事被逗得不禁大笑起来……

【解决方法】

幼儿时期的孩子充满着好奇心，对身边的一切都很感兴趣，又都似懂非懂。所以，他们就特别留意身边的人，也特别喜欢模仿他们的言谈举止。

有的时候，如果家长们说话不注意，被这些小家伙的耳朵听进去了，他们就会凭借自己现有的理解力来解释这些只言片语。

再加上小孩子的好胜心又比较强，喜欢得到别人的赞美，又不能像大人那样深谙人情世故懂得圆滑避讳之道，于是，便常常出现童言无忌乃至暴露"家丑"的情况。

从另一角度来讲，正是因为孩子纯洁的心灵，不经尘埃所染，因此，童言童语更能让人相信。这时，你越是呵斥，越是对他们的"胡说八道"大加指责，就越会显得"此地无银三百两"，反而会使别人认为你心里发虚，从而更使人坚信确有其事。无论你怎么申辩，都是无济于事的。所以，这时你要做的是牢牢控制自己的情绪，采取适当有效的应对措施，一来轻松化解现场的尴尬气氛，二来巧妙地为孩子无意中暴露的"家丑"打圆场，三来合理解释众人心中的疑虑。这样不致让此事余波未消，又起波痕，造成一些不良的后果。

1. 假作真时真亦假

倘若据你察言观色，发现他人的脸色不对，似乎已有几分相信了孩子的话，如果你觉得不好解释，或一时没有找到合适的理由来解释，那么何不半真半假地干脆承认此事。

一般人在大多数情况下都会有逆反心理，你越是解释，他越是不信；如你干脆承认确有其事，他反而会产生怀疑。所以你不妨利用此等心理，弄他个半信半疑，自己也痛痛快快地下台。见到你表现得大大方方的，他人就不会对此事确信无疑，甚至怀疑也会随之烟消云散。

2. 顺风扬帆巧解释

倘若孩子透露的信息较多，或者用自己错误理解的信息误导了他人，此时就应巧妙地解释几句，以免不实之词或不想被他人知道的信息通过种种途径向外扩散，形成对你不利的影响。

3. 若无其事打圆场

倘若孩子透露的只是零星片语，你可以及时打打圆场，装作若无其事地为孩子的话加上注脚。比如，你可以说："宝宝，又在淘气了？这家伙，把我和她爸的玩笑话又拿出来现炒热卖了，也不怕叔叔阿姨们笑话。来来来，宝宝，为叔叔、阿姨拿水果！现在又看你的表现了！"短短两三句话，既打了圆场，又转移了孩子和客人们的注意力，不留痕迹地化解了当时的尴尬。

被人一再追问隐私问题，如何堵住对方的嘴

【**难度系数**】★★★

【**适应人群**】常被人问到隐私的人

【**适应症状**】

当别人问有关于你的隐私的问题时，你总是很生气地拒绝回答。

往往会为了保护自己的隐私，而造成双方的不愉快。

当别人的问题与隐私有关时，你得虚虚实实的回答。

【**沟通情境**】

妙妙大学毕业后，到一家国企单位求职。通过层层考核后，表现优异的她获得了与部门经理单独面谈的机会。

一见面，这位部门经理就问她："你有男朋友吗？"

妙妙没有任何思想准备，被这个问题问愣了。她不知如何回答才能让负责人满意，便如实答道："有。"

"他现在在本地还是在外地？"

"他在办出国手续。"妙妙仍然老实地回答。

"你将来会不会跟他一起出去？"

"我的专业出去了也派不上用场，所以没想过要出去。"

"那你们是不是要分手了？"

"不能这么说，我们的感情很好，我相信自己的眼光。"

"如果你的上级比较喜欢你，你会怎么办？"

"那说明我的工作干得还不错，我会再接再厉，更上一层楼。"

"要是你的上级对你有非分之想呢？"

"你们能提出这个问题，我非常感激，这说明贵单位的高层领导都是光明磊落的人。不瞒大家说，我曾在一家公司实习过，就是因为老板有了非分之想，我才愤而辞职的。而当初他们招聘时恰恰没有问到这个问题。两相比较，假若我能应聘进贵单位，就没有理由不去为这个团队殚精竭虑了。"

妙妙不卑不亢的回答和落落大方的态度，赢得了部门经理的欣赏，顺利进入了这家国企单位工作。

不管在生活中还是在工作中，我们经常会被人问到一些隐私问题，如果避而不答，可能会被认为城府深、不诚实，但如果老实回答，又可能生出许多八卦来，让人烦不胜烦。如果是你遇到这个情况，你会怎么办呢？

【解决方法】

无论是在公共场合还是私人场合，我们都会无可避免地遇到一些隐私问题被人追问的情况。怎样说话，才能既不泄露自己的隐私，又不直接拒绝对方的提问而造成不愉快呢？

最好的方法，可能就是不从对方思维的角度回答他的问题，而是自己另外发掘角度，让对方跟着自己的思维走。

1. 冷静对待，做出判断

当被别人问及隐私问题，首先不要急着回答对方的问题，要冷静下来，判断清楚求职者的出发点，也就是对方的问话目的究竟是什么，这样才能对症下药，做出准确回答，才能化尴尬为从容。

2. 态度坦然，就事论事

如果别人问话的目的没有恶意，是出于工作上的需要，你不妨表现得大方得体，坦然地就事论事，千万不要躲躲闪闪、扭扭捏捏。

3. 随机应变，掌握主动

如果别人问话的目的是恶意的，目的是抓住你的把柄，方便日后威胁你、伤害你，而且即使你拒绝回答，对方也不甘放弃，一再追问。这时，你应当随机应变，或者转移话题，反问对方一些难以回答的问题，或者软中有硬，暗示对方你性格刚烈，"宁为玉碎，不为瓦全"；或者晓以利害，直指事件的直接后果……千万不要因为种种顾忌而委曲求全。因为对方也许在考察你随机应变的能力，你委曲求全反而于事无补。

答非所问，似是而非。对于一些无聊的隐私问题，你就可以把回答的话说得听上去你像是在回答对方的问题，但其实并不是对方想要的答案。

猜哑谜。这种方法，应答时要对关键词加上某些限制语或修饰性词语，有意使问题变得不可思议，更加模糊，从而达到有效地回避隐私内容的目的。

变换角度。不要从对方问话的角度出发来回答问题，自己另外发掘角度，让对方跟着自己的思维走。

曲解法。可以从对方提及的某个概念为出发点，再有意地曲解，发挥和阐释一番，并不给出实质性的答案。

迂回战术。采用某些隐蔽的语言，故意迂回而行，表面上与对方的问题无关，实则借此牵住对方的"牛鼻子"，在对方不知不觉的情况下，将其引入对自己有利的语言环境，然后迫其就范。

对于左右为难的问题，千万不要直接回答

【难度系数】★★★★

【适应人群】常陷入两难境地的人

【适应症状】

时常会陷入两难的境地。

面临双向选择时，总是左右摇摆，无法取舍。

不论当时考虑得如何周到，总是会后悔自己曾经的选择。

不知道该怎么回答那些无论怎么回答都是错误的问题。

【沟通情境】

如果你的女朋友问你："如果有一天，我和你的妈妈同时掉

进河里，你会救谁？前提是，你只能救一个。"

这个问题大家一定不会陌生，可是，回答呢？有谁的回答是让人满意的？

如果你回答："我会救你。"

你的女朋友当时会很开心，觉得你把她放在第一位，肯定特别爱她。但等她冷静下来一想，又会觉得你冷血无情："乌鸦还知道反哺，一个人却连生养自己的母亲都不救，对于这样一个人，我还能指望什么呢？要是遇到什么问题，他肯定会毫不犹豫地抛弃我。"

如果你回答："我会救我妈。"

你的女朋友马上就会暴跳如雷，冲你大喊大叫："好啊。看来你一点儿也不爱我，那你下半辈子和你妈过去吧。我们完了。"说完就扬长而去，这段感情可能就这么无疾而终了。这种问题就是典型的两难问题，不管你回答"是"与"否"，都不能让问话的人满意，甚至因此对你大发雷霆，引发冲突。

那么，对于这种让人左右为难的两难问题，到底要怎样回答，才能让问话的人满意呢？

【解决方法】

"两难"问题，就是不论你回答"是"或"否"，都可能给你带来麻烦的问题。回答这类问题必须用心。很多时候，问这种问题的人总是别有用心，话中有话，回答这种问题，"左"也不是，"右"

高难度沟通

也不是。如果问题来自你不能得罪的人，或者在公众场合被问到，更会让你的回答难上加难。

对于这种两难问题，我们虽然明知道问话者不怀好意，但也不能立即反唇相讥，不然只会显得自己小肚鸡肠，反而中了对方的圈套。

当然，对于非"左"即"右"的问题，也不能在对方问题所提供的选择中作单一选择，因为无论是"左"还是"右"，都正中了对方的圈套。

中国自古以来讲究中庸之道，折中可以说是一门艺术，是祖先智者留下的智慧结晶；是为人处世，各个方面都可以适当运用的生存立世之道。回答这种两难回答时，就事论事，折中回答就是最好的办法。对于可能设有"陷阱"的提问，一般情况不要直答，而应想一想对方的用意是什么，然后运用预设前提的说法跳过陷阱，予以回应。

比如，在面对那个让很多男人头疼的"女友和妈妈同时落水，应该先救谁"的问题上，你不要中了问话者的圈套，直接问答"救女友"或"救妈妈"，而是针对这件事情本身作答："当然是救离我最近的，因为这样我才能有机会把人救出来。"这样对方就没法"鸡蛋里挑骨头"，一场争吵也就得以避免。

1. 回避正题

在那些不宜完全根据对方的问题来答话的场合，可采用回避正题的模糊回答，它能让你巧妙避开对方问题中的确指性内容，让对方感觉到你没有拒绝他的问题，但又不是他期望的答案。

2. 错误假定

两难问题中有一种复杂问语，是指利用"沉锚效应"，即隐含着某种错误假定的问语。对这种问语，无论采取肯定还是否定的答复，结果都得承认问语中的错误假定，从而落入提问者圈套。如一个人被告偷窃了别人的东西，但他又死不承认偷过。这时审问者便问："那么你以后还偷不偷别人的东西？"无论其回答"偷"还是"不偷"，都陷入审问者问语中隐含的"你偷了别人的东西"的这个错误假定中。

3. 自嘲圆场

有时一些两难问题被问及，无论怎样回答都会让人觉得脸面无光。此时不妨自嘲一下，给自己圆圆场。比如，一个人喜欢下棋，并自诩棋艺高超，但有一次与人下棋时，连输三局。有人假装不知道，问他胜败如何，好让他难堪。这个人却回答道："第一局，他没有输；第二局，我没有赢；第三局，本是和局，可他又不肯。"

4. 迂回出击

现实生活中对于一些不能得罪的人提出的难题或者无理的要求，不要急于作正面反击。可以采取迂回的技巧，避免与对方正面冲突，在抓住对方漏洞的前提下，不动声色地反击，从而反败为胜。

第五章

每一次成功的说服，靠的都是『心理共鸣』

别人不听你的怎么办？用"心理共鸣"去说服

【难度系数】★★★★

【适应人群】说服总是失败的人

【适应症状】

和朋友一起出去玩，你们时不时有不同的意见，虽然你很想说服对方接受你的观点，却很少成功。

老爸肝脏不好，但又喜欢喝酒，你劝了他很多次，但他总是不听你的。

老公换下脏衣服后，总是不丢进洗衣筐里，你说了他很多次，他都当耳边风，还嫌你唠叨。

【沟通情境】

意大利天文学家伽利略17岁，按照父亲的意愿，考进了著名的比萨大学当了一名医科学生。他对医学并没有多大兴趣，而是更喜欢数学、物理学等自然科学。父亲对他寄予了很大期望，所以他不敢告诉父亲自己的真实想法，更不知道该如何说服父亲。

他想了很久，还是决定要试一试。他觉得，要说服别人，首先要让父亲感同身受，从父亲最爱的事上着手。

于是，他对父亲说："父亲，我想问您一件事，是什么促成了您同母亲的婚事？"

"我看上她了。"

伽利略又问："那您有没有娶过别的女人？"

"没有，孩子。家里的人要我娶一位富有的女士，可我只钟情你的母亲，她从前可是一位风姿绰约的姑娘。"

伽利略说："您说得一点也没错，她现在依然风韵犹存，您不曾娶过别的女人，因为您爱的是她。您知道，我现在也面临着同样的处境。除了科学以外，我不可能选择别的职业，因为我喜爱的正是科学。别的对我而言毫无用途也毫无吸引力！难道要我去追求财富、追求荣誉？科学是我唯一的需要，我对它的爱有如对一位美貌女子的倾慕。"

父亲说："像倾慕女子那样？你怎么会这样说呢？"

伽利略说："一点也没错，亲爱的父亲，我已经18岁了。别的学生，哪怕是最穷的学生，都已想到自己的婚事，可是我从没想过那方面的事。我不曾与人相爱，我想今后也不会。别的人都想寻求一位标致的姑娘作为终身伴侣，而我只愿与科学为伴。"

父亲没有说话，仔细地听着。

见父亲没有表示反对，伽利略继续说："亲爱的父亲，您有才干，但没有力量，而我却能兼而有之。为什么您不能帮助我实现自己的愿望呢？我一定会成为一位杰出的学者，获得教授身份。我能够以此为生，而且比别人生活得更好。"

父亲为难地说：“可我没有钱供你上学。”

“父亲，您听我说，很多穷学生都可以领取奖学金，这钱是公爵宫廷给的。我为什么不能去领一份奖学金呢？您在佛罗伦萨有那么多朋友，您和他们的交情都不错，他们一定会尽力帮助您的。也许您能到宫廷去把事办妥，他们只需去问一问公爵的老师奥斯蒂罗·利希就行了，他了解我，知道我的能力……”

父亲被说动了：“嘿，你说得有理，这是个好主意。”

伽利略抓住父亲的手，激动地说：“我求求您，父亲，求您想个法子，尽力而为。我向您表示感激之情的唯一方式，就是……就是保证成为一个伟大的科学家……”

后来，伽利略也确实成了一名伟大的科学家，被誉为“现代观测天文学之父”“现代物理学之父”“科学之父”“现代科学之父”。

与人沟通时，要说服对方接受你的观点，按你的要求去办事，你必须要让对方站在你的位置去看、去想，对你的烦恼和痛苦感同身受，产生深刻的心理共鸣。

【解决方法】

有许多口才很好的人，往往用自己的唇枪舌剑把对方口头上所说的意见驳倒，就以为自己说服了别人，但却不知道别人心里还藏着什么疑难未解之处。这样的“说服”，只是口头上的说服，心里并没有服。别人口服心不服，就不能算是说服。别人对你的话没有心服，就不会按照你的话去做。

要知道，人与人之间，很难在一开始就产生共鸣，因此你在与人沟通时，往往必须先诱导对方产生与你交谈的兴趣，然后双方经过一番深刻的对话，才能够彼此熟悉和了解。当然，要让对方产生与你交谈的兴趣，你必须一开始就避开对方的忌讳，从对方感兴趣的话题谈起。这要求我们经常关心别人的生活，与他们接近，倾听他们的谈话，注意他们各方面的表现，研究分析他们的行为动机和他们的心理活动规律。

当彼此熟悉和了解后，你就可以利用对方感兴趣的话题，来激起对方的"心理共鸣"，让对方一步步地赞同你的想法，当对方跟着你走完一段路程时，便会不自觉地认同你的观点。

这种利用"心理共鸣"来说服别人的方法，可分为以下四个阶段：

1. 导入阶段

先顾左右而言他，引起对方的共鸣或兴趣。伽利略先请父亲回忆和母亲恋爱时的情况，引起了父亲的兴趣。

2. 转接阶段

逐渐转移话题，引入正题。故事中的伽利略巧妙地通过这句话把话题转到自己身上："我现在也面临着同样的处境……"

3. 正题阶段

提出自己的建议和想法。故事中的伽利略提出："我只愿与科学为伴"，这正是他要说服父亲的主题。

4. 结束阶段

明确提出对对方的要求，达到说服的目的。为了使对方容易接受，还可以指出对方这样做的好处。当做完这一步，伽利略终于达到了自己的目的，成功说服了父亲支持自己的理想。

避免对方说"不"的方法，就是让对方多说"是"

【难度系数】★★★★
【适应人群】说服总是失败的人
【适应症状】

想让老公进门换完鞋子，就把鞋子摆好，可老公坚持了几天就不干了。

想说服孩子少看电视，可孩子大哭大闹，说你是"坏妈妈"。

让婆婆炒菜时少放盐，婆婆答应了，可下次炒菜还是那么咸。

同桌上课时总是偷偷玩手机，成绩下滑得厉害，老师请你帮忙监督，你也有心劝他改正，但他根本不听，还把你当奸细。

【沟通情境】

有个日本小和尚聪明绝顶，他的名字可以说是家喻户晓。他最擅长的说服方式就是诱导对方说"是"。这位小和尚的名字就叫一休。

足利义满把自己最喜爱的一只龙目茶碗暂时寄放在安国寺，没想到被一休不小心打碎了。就在这时，足利义满派人来取龙目茶碗。大家顿时大惊失色，不知所措，茶碗已被一休打碎，拿什么去还呢？

一休道："不必担心，我去见大将军，让我来应付他吧！"

一休对足利义满说："有生命的东西到最后一定会死，对不对？"

足利义满回答："是。"

一休又说道："世界上一切有形的东西，最后都会破碎消失，是不是？"

足利义满答道："是。"

一休接着说："这种破碎消失，谁也无法阻止是不是？"

足利义满还是回答："是。"

一休和尚听了足利义满的回答，露出一副很无辜的神情接着说："义满大人，您最心爱的龙目茶碗破碎了，我们无法阻止，请您原谅。"

足利义满已经连着回答了几个"是"字，所以他也知道此事不宜再严加追究了，一休和尚和外鉴法师便这样安然地渡过了这一难关。

【解决方法】

在说服过程中，可以先巧设陷阱，让对方在没有防备的情况下，诱其说"是"。对方在不知不觉中会一步步坠入圈套。这时候你就牵住了他的"牛鼻子"，对方不得不跟着你走。

诱使对方说"是"的方法是，开头切勿涉及有争议的观点，而应顺应对方的思路强调彼此有共同语言的话题，从对方的角度提出问题，诱使对方承认你的立场，让对方连连说"是"，与此同时，一定要避免对方说"不"。

1. 不要使用被动性的词语

一个人语言上的习惯很难改变，因为它存在于我们的潜意识中。因此，建议大家找机会把自己说的话录下来，然后再认真分析一下。即使你觉得自己没什么问题，也请试一次。试试看，你肯定会为自己说话时竟然使用了那么多的被动形式而大吃一惊。

平时，如果我们经常语出被动，就很容易使自己处于被动状态，这时再想扭转就难了，只能受制于对方。所以，在交流的过程中应该尽量运用一些便于占据主动的词汇和句式，从而变受制于人为制于人的地位。

2. 先讨论双方都认同的东西

也许有些人以为，在一开始便提出相反的意见，这样不正好可以显示出自己的重要而有主见吗？但事实并非如此，一个人的思维是有惯性的，当你朝某一个方向思考问题时，你就会倾向于一直思考下去，这就是为什么有些人一旦沉醉于某些消极的想法之后，就一直难以自拔的道理。

因此，与人讨论某一问题时，我们不要一开始就将双方的分歧亮出牌来，而应先讨论一些你们具有共识的东西，让对方不断说"是"，然后开始强调——而且不停地强调——你所同意的事，这时对方已经养成了说"是"的习惯性思维，当他下意识地说完"是"后，才发现中计，却已经晚了，只好继续说下去。

当然，你要让对方感觉到：你们都在为同一结论而努力，所以你们的相异之处只在方法，而不是目的，对方才会乐意继续说"是"。

3.用提问制造对方说"是"的气氛

很多人先在内心制造出否定的情况，却又要求对方说"好"，表现肯定的态度，这样做是不可能让对方点头的。假如你要使对方说"好"，最好的方法是制造出他可以说"好"的气氛，然后慢慢诱导他，让他相信你的话，他就会像是被催眠般地说出"好"。

换句话说，你不要制造出他可以表示否定态度的机会，一定要创造出他会说"好"的肯定气氛出来。当你向别人发问，你可以连续不断地追问下去，而最后使对方不得不说"好"。这是制造肯定气氛最高明的技术，也是让对方点头的第一种妙方。

譬如当你看到某种东西，你先连续问对方五六次："它的颜色很漂亮吧？！""它的手工很精细吧？！""它的造型很完美吧？！""它的……"让对方答出一连串的"是"之后，你再问他原先你想获得他肯定回答的问题，那他一定会说"是"。因为在此之前，他已被你催眠似的说"是"，很自然地，在回答你这关键问题时，他也会说"是"。

你一定在电影上看过那些老谋深算的律师，在法庭为被告辩护时，一定是一步一步诱导原告说出对被告最有利的情况。

4. 在对方回答之前，自己先点头暗示

另一个诱使对方点头或说出肯定答案的妙方，就是当你向对方发问而他还没有回答之前，自己也要先点头。你一边发问一边点头，可以诱导他更快点头。因为你的行动和态度会诱导对方的行动和态度。所以只要善用此原理，就会更快地得到对方肯定的答案。

说服十分固执的人，最好采用"层递渐进"的技巧

【难度系数】 ★ ★ ★ ★ ★

【适应人群】面对固执的人一筹莫展的人

【适应症状】

你确信自己的意见是对的，而别人的意见是错的，你费尽口舌，讲了一大通道理，想要说服对方，但对方却拒绝接受。

一个同事总是按照规章制度办事，不会变通，搞得你很恼火。

想"走后门"请一个朋友帮忙，但不管你怎么请求，对方都不答应。

【沟通情境】

阿呆的爸爸是市教育局的二把手，为人正派，工作认真，就是性子相当倔强，从来都是说一不二，是出了名的"犟驴"。

有一次，阿呆的一个朋友的女儿中考没发挥好，离市里最好的重点高中录取线差了两分，就私下找到阿呆，想请阿呆爸爸帮帮忙。

阿呆不好拒绝，只好硬着头皮去求他爸爸。阿呆才开口，就被爸爸一句话堵住了嘴："别说了，我不答应，我这辈子都没走过后门，以前没有，以后也不会有！"

阿呆还想再说，可阿呆的爸爸直接摔门出去，不理阿呆了。

面对这样一个"犟驴"般的父亲，阿呆真是又气又恼，不知道该怎么跟朋友说才好。

如果你遇到这样顽固不化的人，但你又必须求他帮忙，你会怎么做呢？

【解决方法】

这种人最大的特点就是不服输。他们不惧成为人群中的另类，只为坚守自己认定的真理。在他们的字典里很少有柔弱的字眼出现，他们最擅长的就像歌词里提到的，是"以刚克刚"。他们不会拐弯抹角，只会一条道跑到黑。对于所要坚守的原则，如果自己做不到，即使尽了全力，他们也不会轻易放过自己。

我们在与他们沟通时，尤其是要说服他们时，往往会感觉他们顽固不化，任凭自己费尽了口舌，也说不动他们半分。坚强的神经为他们构筑了一层坚实的盔甲，如果对他们采取强硬措施，无异于以硬碰硬，结果必定是两败俱伤。

面对这种情况，我们在进行说服时不必急于求成，可以采用一种"层递渐进"的技巧来逐步说服对方。所谓"层递渐进"指在说服时遇到十分固执的对象，可以先由对方不经意的问题切入，再层层递进、步步深入，从而逐渐引向实质性问题，使对方跟随说服者的思维轨迹渐渐接受说服者所讲的道理。

具体地说，主要有以下四种方法：

1.由大及小地层层剥离

在说服别人时，可以采用由大及小的方法去分析整理，这是一种由点及面、层层剥离的技巧，可以使被说服者对说服者所持的观点、内容有一个较为深刻细致的了解，并能减轻对方接受新观点的心理压力，进而心悦诚服地改正错误。

2.由小及大地招招紧跟

在说服别人时，也可以采用由小及大的方法，分步骤、分阶段去分析事理，这是一种得寸进尺、招招紧跟的说服方法。此法的好处是容许被说服者在接受说服的过程中，存在一个认识过程，获取一些全新的认识。

3. 由此及彼地渐渐推理

如果正面说服别人有一定的难度，不妨暂且远离话题，向对方谈论另一件看起来与之毫不相干的事，再诱导对方归纳出其中蕴含的道理，然后由此理渐渐切入彼理，进行以此类推，回到原来所论之上，这时，对方就只有依常理而服气的份儿了。

4. 由远及近地步步深入

要说服某些偏执的人，可以采用以迂为直的策略，先聊一些与实质性问题较远的其他话题，再由远及近一步步进入实质性问题。这种方法的好处是能逐渐拉近双方心理的距离，层层铺垫、步步深入地引导对方，看起来所费的周折大，但却是取得说服成功的捷径。

总之，说服的过程是说服者对被说服者攻心的过程，也是被说服者心理渐变的过程。运用"层递渐进"的说服技巧，从理论上讲，符合心理学的基本规律，从实践中看，只要运用得恰当巧妙，就能取得理想的说服效果。

遇到高傲难对付的人，用激将法攻破他的心理防线

【难度系数】★★★★
【适应人群】与自命清高、不合群者合作的人
【适应症状】

身边有那种目中无人、自命清高的人。

与清高傲慢的人相处，让你感到十分难受。

别人对你傲慢无礼，让你感到无措。

【沟通情境】

阿达打算扩建厂房，添加几条新的生产线，但手里的资金不太充裕，只好去找银行贷款。但银行以审核材料的名义，迟迟没有发放贷款。

阿达有些着急，就私下请银行经理吃饭，顺便问一问放款的事情。

饭吃得差不多了，阿达见对方心情不错，就问对方："我之前已经和你们总经理谈过，他们说我的贷款没有问题，不知道现在进展怎么样了？"

对方明白阿达的心思，回答说："这事啊，最近放贷收紧，你贷的数目不小，上边好像有点犹豫。"

"我现在真的特别急，你看这事今天能不能确定下来？"

"你在开玩笑吧,我们还有很多程序没进行呢。"他边说边点起一支香烟,用手指了一下桌子上的一摞纸,眼神里有种居高临下的感觉,"诺,这些是需要填的申请表,你一张都没填啊。"

听了这话,阿达笑了笑:"你不是贷款业务的经理吗? 300万对你来说应该不是大数目吧? 我只是想知道最新的进展而已,你连这点权力都没有?"

听了这话对方心头一震,他竟然说自己没有足够的权力。

阿达看出了对方的变化,心中暗喜,"如果你真没有这个权力,我也不为难你了,我还是找老王试试吧,听说他最近升职了,应该能想到办法!"

"等等。"对方猛吸一口雪茄,"我去给你问问,你在这等着。"

过了一会儿,银行经理就回来了,对他说:"行了,我刚去问了,下面的人说你那笔贷款办得差不多了,三天后应该就能放款了,怎么样,还是我给力吧?"

"那是,那是,要不我怎么第一个就找你呢。"

阿达之所以能够成功,就是对银行经理用了激将法,质疑对方的权力,打算另求他人。这让一直高高在上的银行经理哪里受得了,感觉自己的自尊受到伤害,权力受到挑战,就会一心想要证明自己的权力够大,而这恰恰是阿达期望的。

生活中,我们经常会遇到一些傲气十足的人,而你可能出于某种需要,而不得不与他们打交道,甚至有求于对方,这时你会用什么方法去说服对方呢?

【解决方法】

　　每个人都有不同的性格，不同性格的人说出的话也不尽相同，因此在说服别人时，首先摸清别人的秉性。遇到高傲的人时，越是低声下气、委曲求全，越是会被他们看不起。既然直求、婉求都没有效果，不妨采用"激将法"激对方出手。

　　激将法是一种心理战术，是用刺激性的言语变相的鼓动对方做某事的技巧。心理学家认为，使用激将法能够使对方感情冲动，从而去做一些他在平常情况下，比如请求他或同他商量时可能不会去做的事。激将者还可以激起对手的愤怒感、羞耻感、自尊感、嫉妒感或羡慕感，等等。因此，如果面对高傲不好说话的人时，就可以从尊严、名声、能力等各方面给予必要刺激，让其"短暂性发怒"，不自觉中顺着对方的意思办事，对方可能还不知，而自己办事的目的早已经达到了。

　　中国有句话叫："请将不如激将。"为了让对方动摇或改变原来的立场和态度，利用一些略带贬损意义的、不太公正的话给对方罩上一顶"帽子"，而对方一旦被罩上这顶帽子，就会激起一种极力维护自我良好形象的欲望，从而用语言或行动表明自己不是这样，自动地改变原来的立场和态度。求人时，尤其是求熟人的时候，就得摸透对方的心理，不妨采用一下激将法，他就会动用他的所有关系，尽力帮你把事办好，以显示其能力。

　　不过，使用激将法，一定要根据不同的交谈对象，采用不同的激将方法，才能收到满意的效果。犹如治病，对症下药，才有疗效。如把药下错了，就是于人无益，或是置人于死地，反而使事情向更坏的方向发展。

一般来说，"激将法"可分为三种：

1. 直激法

就是面对面地贬低对方，刺激之，羞辱之，激怒之，以达到使他"跳起来"的目的。

2. 暗激法

这是有意识地褒扬第三者，暗中贬低对方，激发他压倒、超过第三者的决心。

3. 导激法

激言有时不是简单的否定、贬低，而是"激中有导"，用明确的或诱导性的语言，把对方的热情激起来。

对执迷不悟的人，利用逆反心理进行反面刺激

【难度系数】★★★★★

【适应人群】不知道怎么说服执迷不悟的人

【适应症状】

和同学一起研究某个课题，但同学却完全按着自己的想法来，

从不接受别人的意见。

和朋友聊起现在的教育制度，朋友认为大多数规章制度都是不合理的，应该废除。

再三叮嘱上初中的儿子不要早恋，儿子却背着父母交了个女朋友。

【沟通情境】

阿聪是一家建筑公司的工程师，曾遇到一个特别刚愎自用的工头。这个工头常常坚持反对一切改进的计划，搞得阿聪特别头大。

有一次，阿聪想给工地换装一个新式的指数表，但他想到那个工头必定要反对的。阿聪想，既然这个工头不是只"顺毛驴"，顺毛"捋"、说好话没用，干脆就反着毛"捋"，利用逆反心理来刺激他，或许会有意想不到的效果呢？

于是，阿聪在腋下挟着一个新式的指数表，手里则拿着一些要征求他意见的文件，召集项目组的负责人来讨论。当大家讨论这些文件的时候，阿聪故意把指数表从左腋下移动了好几次，那个工头也注意到了，就开口问道："你拿着什么东西？"

阿聪漠然地说："哦！这个吗？这不过是一个指数表。"

工头说："让我看一看。"

阿聪说："哦！你没必要看，这是给别的部门用的，你们部门用不到这东西！"然后，假装要走的样子。

越是不让看，工头越是好奇："不行，我今天就要看一看。"

阿聪只好把指数表拿给他。当工头审视指数表的时候，阿聪就随意但又非常详尽地把这东西的效用讲给他听。

工头听了，惊喜地喊了起来："谁说我们部门用不到这东西呢？巧了，它正是我想要的东西呢！"说完，不顾阿聪的反对，就把这个指数表拿走了。

生活中，我们总是会遇到一些人喜欢和我们对着干，如果我们一味地忍让，顺着对方，只会让自己难受，倒不如正话反说，刺激他们的逆反心理，反而会有意想不到的效果。

【解决方法】

"请不要阅读第七章第七节的内容。"这是一个作家写在其著作扉页上的一句饶有趣味的话。后来，这个作家做了一个调查，不由得笑了，因为他发现绝大部分的读者都是从第七章第七节开始读他的著作的，而这就是他写那句话的真正目的。

当别人告诉你"不准看"时，你就偏偏要看，这就是一种"逆反心理"。这种欲望被禁止的程度愈强烈，它所产生的抗拒心理也就愈大。所以如果能善于利用这种心理倾向，就可以将顽固的反对者软化，使其固执的态度发生一百八十度的大转变。

无论男女老少，他们内心多多少少都带有一些逆反心理，只要我们善于揪住那一根"反骨"，轻轻一扭，就能收到你预期的效果。

1. 突出信息的重要性

越是不允许，人们越去做，越是对人劝说，有时人们越不接受；

越不想对人劝说，反而越能成功地劝说人们。因此，在改变人的态度时，我们要根据逆反心理这一特点，把某种劝说信息以不宜泄露的方式让被劝说者获悉，或以不愿让人们多得的方式出现，就有可能使被劝导者更加重视这一信息，并毫不怀疑地接受它。

2. 当头棒喝，反向刺激

生活中一些执迷不悟的人，成天沉浸在自己的想法中，浑浑噩噩，糊里糊涂。这时，要警醒他们，可以采取"当头棒喝，反向刺激"的方式，给对方强烈的心理刺激，促使他深刻反思自己。

3. 触动对方后，要正面引导

当然，反向刺激的最终目的还在于正面引导，最好能在对方有所触动后，再对自己刚才言语的率直加以道歉，让对方恢复心理上的平衡。只有这样，才能取得好的说服效果。

要说服疑心过重的人，再多的承诺都不如一次行动

【难度系数】★★★★★
【适应人群】与疑心过重的人共事的人
【适应症状】

同事或领导总是疑心过重，与他们共事让人感到很累。

高难度沟通

领导或同事疑心过重，总是无法取得他们的信任。

对朋友真诚相待，他却总是怀疑人，让人感到气愤。

【沟通情境】

战国末年秦王政准备吞并楚国，继续统一中国的大业，他召集大臣和将领们商议此事。秦王先是问大将李信，攻灭楚国需要多少军队。李信不假思索地说："有大王的英明决策，挟秦军胜利之师的雄威，灭楚20万军队足矣。"

秦王政听了，暗暗称赞李信果然是个少年英雄，他又问老将王翦："王将军，你的意见呢？"王翦说："因为楚国很有实力，至少要派60万兵。"

秦王政听了，不屑一顾，命李信率领20万大军攻打楚国，结果惨败而归。没办法，秦王政只好去请王翦出马。王翦虽然答应了，却对秦王政提了一个要求："请大王恩赐些良田、美宅与园林给臣下。"秦王政爽快地答应了。

大军出发后，王翦又先后派回五批使者，向秦王政要求：多多赏赐些良田给他的儿孙后辈。王翦的部将们都认为他老昏头了，胸无大志，整天只想着替儿孙置办产业。

面对部将的不理解，王翦说："你们说得不对，我这样做是为了解除我们的后顾之忧。大王生性多疑，为了灭楚，他不得不把秦国全部的精锐部队都交给我，但他并没有对我深信不疑。一旦他产生了疑念，轻者，剥夺我的兵权，罢免我的官职；重者，不仅灭楚大计成为泡影，恐怕我和诸位的性命也将难保。所以，我不断向他要求赏赐，让他觉得，我绝无政治野心。因为一个贪求财物，一心想为子孙积聚良田美宅的人，是不会想到要去谋反叛乱的。"

秦王政果然因此而相信王翦没有野心，放心让他指挥60万大军，发动灭楚战争。仅用了一年多时间，王翦就攻下了楚国。

王翦为打消秦王政的疑心，不惜自损其名，伸手向秦王要求赏赐，使部将以为他老昏了头，但却使秦王更加深信他不会造反，从而全力支持他对楚作战，从而使王翦无后顾之忧，一举灭楚。

【解决方法】

你是否遇到过这样的人：他们处世往往非常小心谨慎，他们很少信任他人，对人和事总持怀疑的态度，甚至有的人始终认为：别人随时都会攻击、侮辱甚至伤害他。为了保护自己，他们惶惶不可终日，心里老嘀咕着，到底有哪些事情别人知道而他们不知道。他们老是担心自己失去或错过了什么就会一败涂地。在他们的眼中，别人都有问题，都是可疑之人，都是两面派或者告密者。

如果你的周围也有这样的人，那么他们就是疑心过重的人。这时，你应学会与他们相处的艺术，不要成为他们心中的那个"他"。

高难度沟通

1. 不要急于求成，要以诚相待

要想说服猜疑心重的人，千万不能急于求成，需要以诚相待。你说话必须真诚、清楚明白，因为他们很会猜测你的"言外之意"，而做不必要的联想。你绝对不要奢望在短时间内取得他们的信任，你需要较长的时间去慢慢说服对方，让他们相信你的真诚，而且是不带任何个人目的的，只是为了帮助他们解决困难而已。

2. 有了猜疑，尽快与他公开对话

要想获取猜疑心重的人的信任，首先要求你做事光明磊落，因为"身正不怕影子斜"。当别人心里冒出严重猜疑的病症，开始影响到你们的关系时，那就赶快与他进行公开的对话，有助于你们驱散交往中可能存在的阴影。如果你们的对话不顺利，不妨寻求别人的帮助——不一定求专家，也可以找其他朋友。

3. 善于调节和控制自己的情绪

如果你因为一时的冲动，使误会变成了公开的顶撞，这样不管谁取胜都会使另一方感到不快或委屈。这时，你得善于调节和控制自己的情绪，别让失去理智的情感冒出来并占了上风，而应用一种理智且可行态度来应付这一切。

这时，你一定要表现出宽宏大量的样子，理解别人的多疑。不管谁告诉你：对方在背后说过你多少不是，你都不要轻易相信。

4. 避免粗暴的说教

没有人喜欢被粗暴对待，尤其是猜疑心重的人。因此，我们要温和对待猜疑心重的人，避免粗暴说教，还要多鼓励他们与大家多接触、多沟通，如果他们做得好时要发自内心地给予真诚的表扬和称赞，设身处地地去为他们着想，不要斤斤计较那些毫无价值的是是非非。

纵使怀疑论者有一千个问题，我们也不能全盘否定，而是要从一个一个问题抓起，一一解决。只要少一些猜忌和隔阂，以诚相待、宽宏大量、设身处地地去帮助他们，就能赢得他们的信任，说服他们接受你的建议。

5. 用行动来证明

行动是最好的证明。对于疑心重的人，与其给他一千个承诺，不如一次扎扎实实的行动更有说服力，更能让他们相信事实。保持你的一致性，不要言行不一、变来变去，这样自然会让他对你产生信任。

第六章

拒绝的话不伤人，方式用错了才伤人

不好意思拒绝朋友的请求，就诱使对方自我否定

【难度系数】★★★★

【适应人群】不懂得拒绝朋友的人

【适应症状】

> 对朋友的请求总是有求必应，常常搞得自己十分为难。
>
> 曾经拒绝朋友的要求，导致双方关系恶化。
>
> 经常说不出拒绝的话。

【沟通情境】

清代的郑板桥在潍县当县令时，查处了一个叫李卿的恶霸。李卿的父亲李君是刑部官员，也是郑板桥的朋友，因此他得知消息后，急忙赶回潍县，想要替儿子求情。

李君以访友的名义拜访郑板桥。郑板桥假装不知道李君的来意，只是和李君闲聊旧日情谊。李君呢，知道郑板桥这个人为官公正，也不好直接开口叫郑板桥饶过自己的儿子。后来，他想到郑板桥这个人爱写字，就说自己最近在练字上遇到一点问题，想要请郑板桥指点指点。

李君提笔在纸上写了四个大字："燮乃才子。"郑板桥原名郑

燮，因此他一看，就知道李君这是在夸自己呢，中国讲究礼尚往来，那自己也得夸夸别人啊，于是他也提笔写道："卿本佳人。"

一看到四个字，李君心里一亮，问道："郑兄，此话当真？"

郑板桥回答道："君子一言，驷马难追！"

李君惊喜万分："我这个'燮'字可是郑兄大名，这个卿字……"

"当然是贵公子宝号啦！"

李君心里高兴极了："承蒙郑兄关照，既然我子是佳人，那就请郑兄手下留情了。"

"李兄，你怎么'糊涂'了？唐代李延寿不是说过'卿本佳人，奈何作贼'吗？"

李君顿时红了脸，无话可说，很快就告辞了。

很多时候，朋友向我们提出过分的请求，但我们害怕伤害双方之间的情谊，不好意思拒绝，但如果不拒绝，又会违背自己的某些原则，这时候最好的拒绝方法，就是诱使对方自我否定，让对方知难而退。

【解决方法】

在日常生活中，对朋友的困难有求必应，当然有助于加深彼此的情谊。但如果朋友求你做的事，违背了你的某些原则，这就十分为难了：帮吧，会违背自己的原则，有损自己的声誉；不帮吧，又怕对方不高兴，影响双方的关系。

所以，拒绝别人也有一定的方法，说出来的话要能让对方接受，这样彼此之间的关系才不会受到影响。拒绝是一门艺术、一门学问，能体现一个人的综合素养。当别人对你有所希求而你办不到，不得已要拒绝的时候，你最好用婉言拒绝的方式。所谓婉言拒绝，就是用温和曲折的语言，把拒绝的本意表达出来。与直接拒绝相比，它更容易被人接受，这在更大程度上，顾全了被拒绝者的颜面。

1. 诱使对方自我否定

婉言拒绝最好的方法，就是在对方提出请求后，不要马上回答，而是先讲一些理由诱使对方自我否定，自动放弃原来提出的请求，以减少对方遭到拒绝后的不快。

2. 推托其辞，让对方主动退却

例如你的一位同事请你到他家里吃饭，以便要你帮他做某事，你不便直接说"不"，就可找个理由推辞过去。你可说家里或单位有事，因此不能去。这时，别人一般就会明白你什么意思了。

3. 答非所问，婉拒对方的提议

用答非所问的方式，婉拒对方的建议，使对方一听就知道你不想答应他的要求。如果你的一位朋友邀请你星期天去看电影，你不想去时可以说："划船不错，咱们去公园划船吧。"

4. 拖延回答

例如你一位老乡对你说："你今晚到我这来玩吧！"你不想

去时可以说："今天恐怕不行了，改天我一定会去的。"这样的话听起来比"没空，来不了"的回答，显然易于为对方所接受。至于下次什么时候来，其实也并没说清楚。

5. 先扬后抑

对于别人的一些想法和要求，可以先用肯定的口气表示赞赏，再来表达你的拒绝。这样不会伤害对方的感情，也为自己留下一条后路。

遇到纠缠不休的人，就借用别人的意思来拒绝

【难度系数】★★★★★
【适应人群】面对别人的纠缠不休，不知道该如何拒绝的人
【适应症状】

去商场时，你本来只打算买一件连衣裙，却在销售员的推荐下，买了搭配的大衣和靴子，多花了很大一笔钱。

逛超市时，遇到推销员上前来热情推销，你不好意思拒绝，结果买下一大堆没用的东西。

朋友一再向你推销某款面膜，你不好意思拒绝，只好买了一大堆，结果不适合你的皮肤，只好扔掉。

【沟通情境】

阿端的一个老同学要来北京找工作，但手头没多少积蓄，就想要在阿端家借住，等找到工作就搬出去。

阿端特别仗义地答应了，结果这个同学找到工作后，却不提搬出去的事情了，也不提分摊房租的事情。阿端几次想开口说这件事，又担心伤害双方的感情，想着没准是同学太忙，一时顾不上，还是再等等吧。结果，这一等就是一年。

这一年里，阿端的同学不仅没有出一分钱房租，连饭费也没有出过，还把房间弄得又脏又乱。阿端终于忍不住了，和同学略微提了提，结果同学说自己大部分时间都在外地出差，凭什么要给房租和饭钱，气冲冲地搬走了，还在同学中间说阿端的坏话，可把阿端气坏了。

没想到，过了两年，这个朋友说要带老婆孩子来北京旅游，想借住在阿端家。阿端都快被气笑了：他怎么还有脸说借住的话？不过，阿端是个好面子的人，并不希望把双方关系搞僵，但他也不想答应借住，于是就对同学说："真是不巧，我老婆前几天才说了，她的大学同学要带孩子过来玩一段时间，会住在我们家里，所以就不方便招待你们了。"

对方来北京后，又要求阿端请客，阿端又以领导要求加班为由，拒绝了。

很多时候，直接拒绝伤和气，不拒绝又委屈自己，那该怎么办呢？那就借用别人的意思来拒绝，把拒绝的原因归到对方无法怪罪的人身上。

【解决方法】

有的时候，我们会遇到纠缠不休的人，这时你其实根本不用绞尽脑汁去想那些拐弯抹角的拒绝方式，就能把"不"字直接说出口，并且切断对方的所有后路，让对方无法采取别的方式再对你进攻。这个拒绝的方法，就是借用别人的意思。

借用别人的身份表示拒绝，看似推卸责任，但很容易被人理解：既然爱莫能助，也就不再勉强。人处在一个大的社会背景中，互相制约的因素有很多，为什么不选择一个盾牌来挡一挡呢？

1. 虚构一个"后台领导"

每个人都可以在必要时虚构一个"后台领导"，把自己的意愿都归到他身上，适当地弱化自己的地位，表现出一种对决策的无权控制，从而全身而退，拒绝的效果立竿见影，对方也无法进一步提要求。

2. 只适用于拒绝不熟的人

当然，这一招也不能乱用，最好是用来拒绝陌生人或者不是很熟悉的人，比如某个推销员或者刚认识的一个还不清楚底细的朋友。如果对很熟悉的朋友用这招，很容易被朋友拆穿，朋友就会觉得你不够真诚，影响你们的关系。

此外，如果对方对你的底细都很了解，知道你妻子温柔贤惠一向只听你的话，你还说你妻子是河东狮吼的悍妇，这不但不真诚，还有可能传到你妻子的耳朵里，影响感情。

因此，你推出来的这面挡箭牌，最好是对方不认识的人，而且这个人还要与你的关系十分密切，这样你的拒绝才是有效的。

3.装聋作哑，答非所问

对于你不想回答的问题，或者无论怎么回答都对你不利的问题，你可以佯装没听见，糊涂带过。如果对方还要苦苦追问，那就故意曲解问题的方向，说一些无关重要的话，甚至可以把话题转移到无关轻重的问题上。

遇到不想做的事，"自我贬低"的拒绝效果最好

【难度系数】★★★
【适应人群】遇到不想做的事，不知道该如何拒绝的人
【适应症状】

过年时，亲戚邀请你一起打麻将，但朋友们每次玩得都很大，你担心自己输不起，就不想加入，但又不知道如何开口拒绝。

同学总是让你帮他代写实验报告，你心里很不满，但又不知道怎么拒绝。

你到国外出差，好久不联系的同学、朋友都找你代购名牌，

但你根本没有那么多时间去逛街，而且你也不想帮忙买，只是不知道该如何回绝。

【沟通情境】

尧帝在位时，听说许由清高大志，十分贤德，便派人找到许由，想要禅让帝位。

尧帝对许由说："你好比天上的日月，而我不过是人间的烛火。既然日月出来了，蜡烛就应该熄灭，因为蜡烛要再发光，已经很难了。你好比天的大雨，而我不过是地上的水桶，天一下大雨，就不要再用水桶去浇灌庄稼，因为用不着这么辛苦了。您只要往天下一站，天下人自然就心悦诚服，而我德行不如你，却占据治理天下的位置，这让我很惭愧，请您来执掌天下吧。"

许由拒绝了，说："天下已被你治理得很好，为什么还要我来代替你呢？难道我就为了得到一个虚名吗？名誉是实际的附属品，难道我是追求虚名的人吗？我好比一个小鸟在林中做巢，只要占据一个树枝就够了；我好比是一只老鼠在河里饮水，只要喝饱了一个肚皮，要那么大的天下做什么呢？请你回去吧，不必再来了。"

尧帝还要再劝，许由便远远地逃到箕山隐居起来。

拒绝对方，往往给人一种高傲的感觉，让请求一方的自尊心备感受伤。这时，如果以自我贬低的方式来拒绝，把问题都说在自己身上，或许对方就会好受一些，双方的关系也不会破裂。

【解决方法】

有很多既没有什么实际意义又浪费时间精力的活动，我们要进行拒绝，可以采取自我贬低的方法。

"自我贬低"是一种特殊形式，表示自己因为无能为力而做不到，用以掩盖自己实际上不愿做的本意。用自我贬低的方法或者在玩笑的氛围中拒绝他人，不仅维护了别人的面子，也使自己全身而退。

比如，朋友想邀你一起去玩电游，你就可以说："我们都是好朋友了，说出来不怕你们笑话，我学了几年一直玩得不像样，你们看了都会觉得扫兴，为了不影响你们的兴致，我还是不去为好。"又比如，在同学聚会的时候，你确实不会喝酒，你就可以说："我是爸妈的乖儿子，在家里面又没有什么地位，要是喝了酒，那回去后肯定会被我爸揍死的，甚至还会被我妈骂死，你们就饶了我吧。"同时，你还可以说一些其他的事例进行说明，或者找一些比较好的借口来增强这种自我贬低的效果。

经常用到"自我贬低"的场合主要有以下三种：

1. 遇到不想做的事

例如，像是打杂般的工作、要花时间的工作或单调的工作等。还有像公司运动会之类，筹办公司内部活动也是其中之一。像这些情形便有不少人会用"我不会呀！"或"我对这方面不擅长！"等理由，来把不想做的事巧妙地推掉。

2. 拒绝他人的请求

当别人找上你，希望你能帮他的忙时，你很难直接拒绝，便可以用"我很想帮你，可是我自己也没有那个能力"的态度来婉转拒绝。

3. 有意降低自己在别人心目中的期望值

一个人若能得到他人的高度期待，固然值得高兴，但压力也会随之而来。因为万一失败，受到高度期待的人，给别人造成的失望感就会越大。因此，借由自己的无能，来降低期望值，万一将来失败，自己的评价也不会下降得太多；相反，如果成功，反而会得到预期之外的肯定。

不过，如果表明自己"无能"的理由不具真实性，那就行不通了。例如，你是电脑公司的员工，如果有人找你帮忙处理一些简单的电脑问题，你总不能说不会吧。所以，愈是平时很少接触到的工作，说拒绝的话时，可信度才愈大。

需要注意的是：使用"自我贬低"的方法不宜过多，否则容易给人留下"无能""不可靠"的印象。当自己有事想求别人帮忙时，被拒绝的概率也会大幅提高。

上司提出不合理要求时，用类似的事来暗示难度大

【难度系数】★★★★★

【适应人群】**不知道如何应对上司不合理要求的人**

【适应症状】

上司提出了一个宏大的工作计划，但实际操作难度太大，很难成功，你想劝上司放弃这个计划，但又怕惹怒上司。

上司提出了一个超纲的销售任务，你明知道不可能，却答应了下来，最后因为没能完成任务，被扣了年终奖。

【沟通情境】

甘罗的爷爷是秦朝的宰相。有一天，甘罗见爷爷在花园走来走去，不停地唉声叹气。

"爷爷，您碰到什么难事了？"甘罗问。

"唉，孩子呀，大王不知听了谁的教唆，硬要吃公鸡下的蛋，命令满朝文武想法去找，要是三天内找不到，大家都得受罚。"

"秦王太不讲理了。"甘罗气呼呼地说。他眼睛一眨，想了个主意，说："不过，爷爷您别急，我有办法，明天我替您上朝好了。"

第二天早上，甘罗真的替爷爷上朝了。他不慌不忙地走进宫殿，向秦王施礼。

秦王很不高兴，说："小娃娃到这里捣什么乱！你爷爷呢？"

甘罗说："大王，我爷爷今天来不了啦。他正在家生孩子呢，托我替他上朝来了。"

秦王听了哈哈大笑："你这孩子，怎么胡言乱语！男人家哪能生孩子？"

甘罗说："既然大王知道男人不能生孩子，那公鸡怎么能下蛋呢？"

当上司提出不合理的要求，你要是答应，让自己为难；你要是不答应，又怕惹怒上司，这时候你该怎么办呢？

【解决方法】

领导委托你做某事时，你要善加考虑，这件事自己是否能胜任？是否不违背自己的良心？然后再做决定。

如果只是为了一时的情面，即使是无法做到的事也接受下来，这种人的心似乎太软。即使是很照顾自己的领导委托你小事，但自觉实在是做不到，你就应该很明确地表明态度，说："对不起！我不能接受。"这才是真正有勇气的人。否则，你就会误大事。

当然，拒绝领导是要讲究方法的，因为领导不是一般人，他有可能决定你的前程，不容轻易得罪。但如果你能采取一些巧妙而又行之有效的拒绝方法，那你尽可以大胆地说一句："领导的话就敢不听。"不过，这里要声明的就是这只是针对领导提出的一些不合理要求而言的。

1. 触类相喻，委婉说"不"

当领导提出一件你难以做到的事时，如果你直言答复做不到，可能会让领导损失颜面，这时，你不妨说出一件与此类似的事情，让领导觉出问题的难度，而自动放弃这个要求。

2. 甜言倾诉

当上司因为不解详情而做出了不妥的安排时，你如果贸然闯进上司办公室，对上司指手画脚、气急败坏，上司自然会认为你有意推诿，甚至认为你故意挑事，与他对着干。这时你应该先就上司对自己的器重表示一番感谢，用甜言稳住上司的心，然后再慢慢道出你的苦衷，这样才能显示出你对上司的敬重，上司才可能愉快地听你的诉说。

3. 主动"透露实情"

当上司对你提出一些不合理要求时，你也可主动透露一下"实情"，搬座大山来压压他，让他知难而退。

4. 利用群体掩饰自己说"不"

如果你被上司要求做某一件事，你很想拒绝，可是又说不出来，这时候，你不妨拜托其他两位同事，和你一起到上司那里去，这并非所谓的三人战术，而是依靠群体替你作掩护来说"不"。

首先，商量好谁是赞成的那一方，谁是反对的那一方，然后在上司面前争论。等到争论一会儿后，你再出面轻轻地说："原来如此，那可能太牵强了。"靠向反对的那一方。

这样一来，你可以不必直接向上司说"不"，就能表明自己的态度。这种方法会给人"你们是经过激烈讨论后，绞尽脑汁才下结论"的印象，而包含上司在内的全体人员，都不会有哪一方受到伤害的感觉，这样上司就会很自然地取消对你的命令。

厌烦了客人没完没了的絮叨，如何礼貌地下逐客令

【难度系数】★★★★

【适应人群】不知道该如何下逐客令的人

【适应症状】

常遇到说起话来没完没了的朋友，让你感到很厌烦。

亲戚来家里当说客，越说越带劲，你勉强敷衍，极想对其下逐客令但又怕伤了感情，因而难以启齿。

【沟通情境】

阿香的表姐最近和老公闹离婚，搞得家里鸡飞狗跳。两家住得很近，因此阿香的姨妈经常跑来阿香家，找阿香的妈妈吐苦水，一边大骂特骂女婿的种种坏毛病，一边心疼女儿的日子难过，经常一说就说到很晚。

阿香当时正备战托福考试，需要安静学习，而姨妈每天都上门来抱怨，搞得阿香苦不堪言。对方是自己的姨妈，她不好直说，但总这么下去也不是办法。于是，阿香就在客厅最醒目的地方，贴了一张大大的白纸，纸上写着："距离托福考试还有××天，请勿大声喧哗。"

姨妈再来的时候，一下就看到了那张纸，果然没好意思多抱怨，说了两句就走了。

虽说"有客自远方来,不亦乐乎",但如果客人待了好久也不告辞,还在一个劲儿地高谈阔论,而你早已经感到厌烦,要怎么下逐客令,才不致伤了和气呢?

【解决方法】

有朋来访,促膝长谈,交流思想,增进友情是生活中的一大乐事,也是人生道路上的一大益事。宋朝著名词人张孝祥在跟友人夜谈后,忍不住发出了"谁知对床语,胜读十年书"的感叹。

然而,现实中也会有与此截然相反的情形。下班后吃过饭,你希望静下心来读点书或做点事,那些不请自来的"好聊"分子又要扰得你心烦意乱了。他唠唠叨叨,没完没了,一再重复你毫无兴趣的话题,还越说越来劲。你勉强敷衍,焦急万分,极想对其下逐客令但又怕伤了感情,故而难以启齿。但如果你客气陪着,又会浪费自己的时间。鲁迅先生说:无端的空耗别人的时间,无异于谋财害命。没有人想要被人"谋财害命"。

那要怎样对付这种说起来没完没了的常客呢?最好的办法是:运用高超的语言技巧,把"逐客令"说得美妙动听,做到两全其美;既不挫伤对方的自尊心,又使其变得知趣。要将"逐客令"下得有人情味,可以参考以下方法:

1. 以婉代直

用婉言柔语来提醒、暗示滔滔不绝的客人:主人并没有多余的时间跟他闲聊胡扯。与冷酷无情的逐客令相比,这种方法容易被对方接受。

比如，你可以说："今天晚上我有空，咱们可以好好畅谈一番。不过，从明天开始我就要全力以赴写职评小结，争取这次能评上工程师了。"这是指请你从明天起就别再打扰我了。

又如，你可以说"最近我妻子身体不好，吃过晚饭后就想睡觉。咱们是不是说话时轻一点？"这句话用商量的口气，却传递着十分明确的信息：你的高谈阔论有碍女主人的休息，最好还是赶紧告辞走人吧。

2. 以写代说

有些"嘴贫"的人对婉转的逐客令可能会意识不到。对这种人，可以用张贴字样的方法代替语言，让人一看就明白。

一位著名的科学家，在自家客厅里的墙上贴上了"闲谈不得超过三分钟"的字样，以提醒来客：主人正在争分夺秒搞科研，请闲聊者自重。看到这张字样，抱着一颗闲聊之心前来的人，谁还好意思喋喋不休地说下去呢？

因此，我们可以根据具体实际情况，贴一些诸如"我家孩子即将参加高考，请勿大声喧哗"或者"主人正在自学英语，请客人多加关照"等字样，制造出一种惜时如金的氛围，使爱闲聊者理解和注意。一般情况下，字样是写给所有来客看的，并非针对某一位，所以不会令某位来客难堪。

3. 以热代冷

用热情的语言、周到的招待代替冷若冰霜的表情，使好闲聊者在"非常热情"的主人面前感到今后不好意思多登门。爱闲聊者一到，你就笑脸相迎，沏好香茗一杯，捧出瓜子、糖果、水果，很有可能把他吓得下次不敢贸然再来。你要用接待贵宾的高规格，他一般也不敢老是以"贵客"自居。

过分热情的实质无异于冷淡，这就是生活辩证法。但以热代冷，既不失礼貌，又能达到"逐客"的目的，效果之佳，不言自明。

4.以攻代守

用主动出击的姿态堵住好闲聊者登门来访之路。先了解对方一般每天几点到你家，然后你不妨在他来访前的一刻钟先"杀"上他家门去。于是，你由主人变成了客人，他则由客人变成了主人。你从而掌握交谈时间的主动权，想何时回家，都由你自己安排了。你杀上门去的次数一多，他就会让你给黏在自己家里，原先每晚必上你家的习惯很快会改变。经过一段时间后，他很可能不再"重蹈覆辙"。以攻代守，先发制人，是一种特殊形式的逐客令。

5.以疏代堵

闲聊者用如此无聊的嚼舌消磨时间，原因是他们既无大志又无高雅的兴趣爱好。如果改用疏导之法，使他有计划要完成，有感兴趣的事可做，他就无暇光顾你家了。显然，以疏代堵能从根本上解除闲聊者上门干扰之苦。

怎样进行疏导呢？如果他是年轻人，你可以激励他："人生一世，多学点东西总是好的，有真才实学更能过上好生活，我们可以多学习学习，充实充实自己。"如果他是老年人，可以根据他的具体条件，诱导他培养某种兴趣爱好，或种花，或读书，或练书法，或跳迪斯科。"老张，您的毛笔字可真有功底，如果再上一层楼，完全可以在全县书法大奖赛中获奖！"这话一定会令他欣喜万分，跃跃欲试。一旦有了兴趣爱好，你请他来做客也不一定能请到呢！

拒绝不喜欢的求爱者，最好用暗示

【难度系数】★★★★
【适应人群】过于生硬或直接地拒绝求爱的人
【适应症状】

对于求爱者，你都是直接的拒绝对方。

委婉拒绝求爱者，但他却并不接受你的拒绝。

在拒绝别人的求爱时，把话说得过重伤害了人家的自尊。

【沟通情境】

有一位热情的小伙子向一位美丽的姑娘表达了自己的爱慕之情，但是这位美丽的姑娘并不喜欢这位小伙子。

在小伙子真情告白完之后，姑娘问道："你真的很喜欢我吗？"

小伙子说："当然了，我保证自己是真的喜欢你，我对天发誓……"

姑娘问："那你有什么证据可以证明你爱我呢？"

小伙子热切地说："我的心，我有我这颗真诚的心可以证明。"

姑娘笑笑，说道："呵呵，真的很对不起，你是唯'心'主义者，而我是典型的唯'物'主义者啊。唯心主义者和唯物主义者怎么能够在一起呢？"

小姑娘明明知道小伙子说的"真诚的心"是和哲学名词上的"心"不同的，但是小姑娘机智地将小伙子的那颗"真诚的心"说成了是唯心主义，然后通过自己的唯物主义思想立场，将拒绝巧妙委婉、幽默地表达了出来。

【解决方法】

如果爱你的人正是你所爱的人，被爱是一种幸福。但是，假如爱你的人并不是你的意中人，或者你一点也不喜欢他，你就不会感觉被爱是一种幸福了，你可能会产生反感甚至是痛苦，这份你并不需要的爱就成了你的精神负担。

别人爱你，向你求爱，他（她）并没有错；你不欢迎，你拒绝他（她）的爱，你也没错。最关键的是看你怎样拒绝，如果拒绝得恰到好处，对双方都是一种解脱，也可以免去许多麻烦。如果你不讲方式，不能恰到好处地拒绝对方的求爱，你就可能犯错误，不但伤害他人，说不定也危害自己。

那么该如何巧妙而不失体面地拒绝求爱呢？我们要把握两个原则。

首先，要做到直言相告，以免产生误会。

你若已有意中人，又遇求爱者，那么就直接明确地告诉对方，你已有爱人，请他另选别人，而且一定要表明你很爱自己的恋人。同时，切忌向求爱者炫耀自己恋人的优点、长处，以免伤害对方的自尊心。

倘若你认为自己年纪尚小，不想考虑个人问题，那正好，你可以直言不讳，讲明情况。

其次，在尊重对方的基础上，婉言谢绝。

如果你还没有恋人，只是不喜欢这位求爱者，那你一定要在尊重对方的基础上婉言谢绝。

对自尊心较强的男性和羞涩心理较重的女性，适合委婉、间接地拒绝。因为有这类心理的人，往往是克服了极大的心理障碍，鼓足勇气才说出自己的感情，一旦遭到断然的拒绝，很容易感觉受伤害，甚至痛不欲生，或者采取极端的手段，以平衡自己的感情创伤。因此拒绝对方的爱，态度一定要真诚，言语也要十分小心。

你可以告诉他（她）你的感受，让他（她）明白你只把他（她）当朋友，当同事或者当兄妹看待，你希望你们的关系能保持在这一层面上，你不愿意伤害他（她），也不会对别人说出你们的秘密。

你不妨说：

"我觉得我们的性格差异太大，恐怕不合适。"

"你是个可爱的女孩，许多人喜欢你，你一定会找到合适的人。"

　　"你是个很好的男人，我很尊重你，我们能永远当朋友吗？"

　　"我父母不希望我这么早谈恋爱，我不想伤他们的心。"

　　很多女孩子在拒绝男孩表白的时候，话语用得太极端、太过激。比如："我不想跟你谈恋爱！""你好烦啊！"诸如此类的。这样子的话语会激起男生的愤怒，觉得自己被侮辱了，继而生恨，甚至做出一些极端的行为。

　　最后，冷淡或疏远对方，让对方明白你的意思。

　　如果这些自尊和羞涩感都挺重的人没有直接示爱，只是用言行含蓄地暗示他们的感情，那么，你也可以采取同样的办法，用暗含拒绝的语言，用适当的冷淡或疏远来让他（她）明白你的心思。如果你一边拒绝对方的求爱，一边又继续亲近对方，只会让对方心存妄想，继续纠缠下去。

　　如求爱者是那种道德败坏或违法乱纪的人，你的态度一定要果断。拒绝时一定要冷淡，对这类人也没必要斥责，只要寥寥数语，表明态度即可，但措辞、语气要严谨，不要使对方产生"尚有余地"的想法。

不想借给别人钱，怎样拒绝才不伤和气

【难度系数】★★★★★

【适应人群】不知道如何拒绝别人借钱的人

【适应症状】

不管是朋友还是同事，只要别人一开口向你借钱，你都会答应，因为你不知道该如何拒绝。

你自己第一套房子都还没买，但答应借钱给老同学买第二套房。

朋友打来电话，说最近要换一辆新车，但还差一点钱，想找你周转一下，你找不到理由拒绝，只好答应。

【沟通情境】

小 A 的一个同事要买房，向她开口借 3 万块钱。小 A 手里倒是有这么多钱，但她当时已经被好几个朋友借钱，而且借出去的有些钱到现在还没收回来，导致她现在一听"借钱"两个字就害怕。

这个同事和小 A 的关系一般，她担心借出去收不回来，就不想借，但又担心伤了双方的和气，于是她就对同事说："我也很想帮你，但你也知道我今年年初才结婚，钱都拿来买房了，现在手里几乎没什么钱。如果你确实急需钱，我的蚂蚁借呗还有 2 万块钱的额度，可以帮你从里面借钱，借一个月的话，利息不用你出了，每千块每天才 4 分钱；超出一个月的利息，就得你掏了。"

借钱的同事一听这么麻烦，当即就说不用麻烦了，自己另外再想想办法。

如果是你遇到这种事，你会怎么处理呢？借还是不借？

【解决方法】

生活中，我们总会遇到被人借钱的时候，在与同事、朋友的交往中，总会遇到或免不了被借钱的时候。这时候，当朋友或同事向我们借钱时，借给他吧，担心要不回来；不借给他吧，又怕落得个小气不肯借钱的名声。

借钱这件事，最能考验双方的关系，也最能破坏双方的感情。生活中，朋友之间因为借钱闹翻了的事，并不少见。因此，很多人一听"借钱"两个字就害怕，想拒绝又怕伤了和气，这时就需要学会一些巧妙拒绝的技巧。

1. 迅速拉黑

如果向你借钱的人是多年不联系的同学或朋友，而且当初的关系也就一般，对方又是通过短信、微信、QQ 跟你借钱，而你确实不想借，那你可以什么都不要问，直接回一句"骗子，又盗号来骗钱"，然后立即拉黑，或者不管对方说什么都不搭理，脸皮薄点儿的人就不好意思再继续跟你借钱了。要使用这招，反应和动作一定要快，让对方没有解释的余地。

2. 问清借钱的原因

如果是朋友或同事借钱，直接拒绝容易伤和气，这时最好先问清对方借钱的真实原因，然后再决定借还是不借。一般来说，如果对方确实是有燃眉之急，作为朋友或同事，力所能及地雪中送炭是应该的。但如果对方是不知自爱或者理财无方，就不能借钱给他了。

如果一个人突然找你借钱，却支支吾吾不肯道明借钱原因的时候，就需要我们绕着圈子探听他借钱的原因。比如，你可以先试探性地问问对方是不是家里有事还是其他的事情，如果对方敷衍说是有急事，但却不说明是什么事。这要么是这件事非常重要，不方便对他人说，要么是对方有意隐瞒或欺骗。

如果从对方口中问不出原因，最好问问和对方走得比较近的朋友，来了解对方近期的情况。比如，你要是发现对方最近经常出去见网友，就可以故意假说自己最近也交了几个网友，玩得很凶，钱花得厉害，顺势就问出了对方对自己这种行为的看法。对方很容易中计，说出了借钱的真正目的。

3. 突出自己的困难

如果借钱的人和你关系一般，你不想借钱给他，这时就可以给对方一个类似的用钱理由：如果对方借钱说是家里有人生病住院了，你就可以说老家的二大爷生病刚找你借了好几万块钱；如果对方借钱是因为要买房，你就可以说打算近期买辆车，手头没富裕的钱；如果对方说酒驾撞人要赔偿，你就可以说钱都被媳妇拿去理财了，要一年才能到期。

4. 先发制人，先向对方借钱

如果你在对方开口借钱之前，就猜到了对方的来意，就不妨先发制人，先开口向他借钱。这样一来，对方自然不好再张口向你借钱了。

5. 能借钱给对方，但是借的期限很短

如果是很熟的朋友找你借钱，又知道你手头有钱，并且最近没什么大用，你要是不借，就显得特别不近人情了。这时候，为了避免借钱不还或久拖不还引发的矛盾，你需要事先言明：虽然你能借钱给对方，但借的期限很短。

其实，话说到这里，如果对方真的有困难，能答应我们在相应的时间内还钱，借给他也无妨。要是对方到时候没法及时还钱，我们也有借口和理由催债。

如何在酒桌上不喝酒，还不得罪人

【难度系数】★★★★
【适应人群】不知道如何拒酒的人
【适应症状】

在酒筵上，有人不停地劝酒，而恰巧这个人是要争取的大客户，让你总不敢也无法拒绝，只能硬着头皮喝。

自己不会喝酒，但领导敬酒，酒量不好，对客人的劝酒总是感到很苦恼。

【沟通情境】

小庞是公司的策划部经理，平时和客户打交道很多，许多公司安排的酒宴上都会安排她和市场部经理一起出席，以便和客户进一步沟通策划案细节。

刚开始参加这种酒宴的时候，客户每次敬酒，小庞都不好意思拒绝，常常被客户灌醉，误了正事。市场部经理大为不满，小庞自己也觉得委屈。

小庞把这事向好友抱怨，好友却说她酒量不好就该拒绝，不能逞强，对自己身体不好，还误了正事，吃力不讨好。好友向她传授了几招拒酒的技巧。

后来，等到小庞再去参加公司的酒宴时，面对客户的劝酒，小庞不是以"最近去医院检查，医生说我肝不太好，要戒酒戒辣"为由，就是借口"今天晚点还要回公司做一份紧急文案，不能多喝"，或是说"今天老公出差了，还要开车送婆婆去机场，不能喝酒"，巧妙地拒绝了很多劝酒，也就不再像以前那样因为喝醉误事了。

酒桌本身就是个交际场，你不能喝酒，必然要拒酒。然而，直接拒酒不仅会伤了大家的雅兴，还很容易伤害敬酒者或劝酒者的颜面，学会一些拒酒的技巧就很必要了。

【解决方法】

在举行酒宴时，大家都乘兴举杯而饮。但由于每个人的酒量都有一定限度，因此，面对对方的盛情相劝，被劝酒者还需巧妙地拒绝。成功的拒酒，不但使自己免受肠胃之苦，而且不会让对方觉得你不给面子，更不会伤了和气，坏了事情。

1. 把身体健康作为挡箭牌

喝酒是为了交流情感，也是为了身心的愉悦。如果为了喝酒而喝酒，以致折腾了身体、损害了健康，这是谁都不愿意看到的。因此，我们可以以身体不舒服或是患有某种忌酒的疾病（如肝脏不好、高血压、心脏病等）为理由拒绝对方的劝酒，这样对方无论如何就不好再强求了。

2. 提及过度喝酒的后果

作为被动者，当酒量喝到一半有余时，应向东道主或劝酒者说明情况。如："感谢你对我的一片盛情，我原本只有三两酒量，今天因喝得格外称心，多贪了几杯，再喝就不对劲了，还望你能体谅。"如此开脱以后，就再也不要喝了。这种实实在在地说明后果和隐患的拒酒术，只要劝酒者明白"乐极生悲"的道理，善解人意者，就会见好就收。

3. 以家人不同意为由

一般来说，以爱人的禁止为由拒酒往往容易让对方觉得你在找借口推脱，这是因为他想象不到这个问题对你有多么严重。因此，你必须在拒酒时讲得真实生动，把自己不听"禁令"的后果展示一番，让对方感到让你喝酒真的是害了你，他也就停止劝酒了。可以说，把理由讲得真实可信是使用此方式拒酒的关键之处。你可以说："我爱人一闻我满口酒气就和我翻脸。我不骗你，所以你如果是真为我着想，那我们就以茶代酒吧！"这样一说，对方也就无话可说了。

4. 挑对方劝酒语中的毛病

对方劝我方喝酒，总得找个理由，而这理由有时是靠不住的。特别是一些并不太高明的劝酒者，其劝酒语中往往会有不少漏洞可抓。抓住这些漏洞，分析其中道理，最后证明应该喝酒的不是我方，而是对方，或者是其他人，总之到最后不了了之。只要这漏洞抓得准，分析得又有理有据，那么对方就无话可说，只好放弃了这位难对付的"工作对象"。

学会了以上四个拒术，你也就从免除了酒精对你身体的深入荼毒，顺利达到"杯酒也尽欢"的境界，完成了一次宾主尽欢的宴会应酬。

第七章

批评时给别人留面子，就是给自己留余地

发现别人的错误，如何婉转、有礼貌地指出

【难度系数】★★★

【适应人群】不懂批评的人

【适应症状】

每次好心好意地指出别人的错误，却被别人认为是故意找碴。

看到同学的男朋友一直脚踩两只船，好心揭穿对方，却被同学认为是故意让她难堪，有种"好心被当作驴肝肺"的委屈感。

【沟通情境】

妙妙是一个美妆品牌的销售经理，时不时需要去卖场巡视，调查销售情况。

一次，当她走进一个卖场时，看到几个售货员站在一边聊天，一位女顾客正在口红架前挑口红。这个女顾客试了几款口红，有点犹豫，抬头望了望售货员的方向，开口喊了声，但那几个售货员光顾着聊天，没听到女顾客的求助。

作为销售经理的妙妙，看到这一幕，自然是很不高兴的。但在顾客面前，她不好直接发火，于是她走上前去，亲自接待这位女顾客。原来这位女顾客挑好了口红，还想挑一款与口红搭配的

腮红和眼影，于是妙妙耐心地给顾客讲解各款产品的特点，然后根据女顾客的肤色给出了建议。

售货员看到妙妙，赶紧停止闲聊，各就各位：管收银的站回了收银台，其他的人赶紧整理货架。那位女顾客选好商品后，妙妙就领着她去收银台结账，然后什么也没说就走了。但从那以后，再也没有发生过类似的情况。

妙妙没有直接指责员工的不负责，而是亲自去为顾客服务，让员工意识到自己的失职，起到了间接地纠正员工错误的作用，又不伤及员工的自尊，不可谓不巧妙。

【解决方法】

我们在与人沟通时，常常会犯这样一个错误，就是当发现对方有明显的错误时，会毫不客气地批评对方说："那是错的，任何人都会认为那是错的！"这样一来，对方的自尊心会受到伤害，而突然陷入沉默，或挑剔你的言辞，来拒绝与你沟通。

我们要明白：当众指出别人的错误，对别人永远都是一种伤害，不仅于事无补，还会带来后患。一些无关大局的事情，尽量不要对别人横加指责，就算是事关大局的行为，也要选择委婉的方式来提出自己的批评，保护别人的自尊心对其是一种尊重，而只有尊重别人，别人才愿意接受你的批评。

如何婉转地指出别人的错误呢？针对不同的性格，要运用不同的批评方法。

1. 批评的话不要超过三四句

首先，不管是哪种性格的人，都不喜欢被人长时间地批评，因此批评的话最好点到为止，不超过三四句为好。会做工作的人，在对别人进行批评教育时，总是三言两语见好就收，不忘给对方留一定的余地，而有的人就不是这样了，他们总是不肯善罢甘休，非把对方批得"体无完肤"不可。

2. 对个性坦率直爽的人，明确指出错误

这种人知错就改，喜欢直来直去，不喜欢拐弯抹角。对于这种下属，你明确地指出其缺点和错误之所在、性质和危害，他会容易接受。相反，过多地绕圈子，反而会使他纳闷，产生误解，甚至是反感，认为这是你不信任他的表现。

3. 对头脑聪明、内心坚强的人，略微暗示即可

对这种人就采用提醒、暗示、含蓄的语言，将错误和缺点稍稍点破，他们便会顺着上司的思路，找到正确的答案和改正错误的办法。

这种方式有两种表现：一种是面对下属本人，顾左右而言他。看似在讨论别人，其实是在说他本人。这种方法的关键是必须找到相似的事物或相似的人，否则相去甚远，难以奏效。另一种是面对众人，漫无所指，点出一些只有当事人才能心领神会的事情，给其以必要的心理压力。让他知道你是碍于情面，才没有揭发他。这时，他会在内心深处自我警醒、自我矫正的。

高难度沟通

4. 对自尊心强、脸皮薄的人，有层次地进行批评

这种人应采用循序渐进式的批评，其特点是把要批评的问题分成若干层次、若干阶段来解决。通过逐步输出批评信息，有层次地进行批评，使犯错误的下属有一个心理缓冲的余地，有一个认识提高的过程，从而一步步地走向你所期待的正确方向。

大量事实证明，在你批评那些自尊心较强而又错误较多的下属时，采取循序渐进的方法，有利于取得批评的积极效果。相反，如果你一次性把下属众多的缺点一股脑儿地倾泻出来，容易伤害下属的自尊心，使其产生逆反心理。

5. 对性格内向、爱钻牛角尖的人，用对比来暗示错误

对这种人最好用参照式批评比较合适。这种方式的特点是：在批评时，不直接涉及下属的要害问题，而是运用对比方式，通过建立参照物，来烘托出批评内容。

你可以通过列举和分析其他人的是非，来烘托出被批评者的错误；可以通过被批评者自身以往的经历，来烘托出他现在的错误；也可以通过列举和分析哪些是错误的，来烘托出被批评者为什么是错误的。

要想减少抵触情绪，批评时不妨采用"三明治"策略

【难度系数】★★★

【适应人群】批评别人时，总是激怒别人的人

【适应症状】

发现同事的工作失误，当即指出来，希望他立即改正，没想到同事认为自己故意找碴，当即怼了回来。

孩子做错了事，一批评他就大哭大闹，死也不肯认错。

批评老公总是把脏衣服乱丢、不做家事，结果两个人吵了起来。

【沟通情境】

到月底了，马上就要交这个月的销售数据了，阿瓜却发现同事阿茶统计的数据有误，于是气冲冲地找到阿茶问道："阿茶，这个数据怎么对不上啊？你到底怎么算的啊？"

阿茶正忙得焦头烂额，见阿瓜来找碴，没好气地回答道："我怎么知道啊，没准是你看错了呢！我这会儿正忙着呢，有事儿待会再说吧！"

这时，另一个同事也来找阿茶："阿茶，你一个人要统计这么多的数据，真是辛苦啦。"

阿茶听了这话，很是高兴："哎呀，最近好几个部门的数据

要统计，确实累惨了，我记得好像给过你们部门的数据了吧？"

"是给过了，不过我看有些数据对不上，想着再调一下原始数据看看，你这会儿有空吗？"

"没空也得挤出空呀，你等会儿，我给你调出来。"

"那可太感谢啦！"

阿瓜在一旁气得不行：都是一个公司的同事，凭什么阿茶区别对待？

其实，也不怪阿茶区别对待，因为阿瓜一上来就批评阿茶，激起了阿茶的抵触情绪，而另一个同事一上来就先夸阿茶，然后又婉转地指出了阿茶的错误，阿茶自觉心虚，当然赶紧认错弥补了。这种做法，就是"三明治"策略。

【解决方法】

如果你上班迟到了，你希望听到领导怎么批评你：

"你一向表现不错，最近怎么总是迟到啊？是不是身体不舒服啊？你也知道，迟到按规定是要受罚的，没有规矩不成方圆，是不是？你要是身体不舒服，就请个假去看医生，要是你家里有事，你可以提早给我打个招呼，我们大家都可以帮助你的。加油，好好干吧！"

"你看看现在都几点了，你才到公司，你是不是不想干了？你给我记住，以后别再让我碰着，要不然，你就收拾东西滚蛋！"

你喜欢哪一种批评呢？当然是喜欢第一种了，对不对？

很多人都喜欢吃三明治，两片吐司中间夹着一片肉或肉肠或煎鸡蛋。而在与人沟通时，很多企业家也喜欢使用"三明治"式的批评法，就是把批评的内容夹在表扬之中，两头赞扬、中间批评，从而使受批评者愉快地接受批评。第一种批评法就是典型的"三明治"式批评法。

"三明治"式批评法分为三层：第一层是认同、赏识、肯定，关爱对方的优点或积极面；中间一层夹杂着建议、批评或不同观点；第三层是鼓励、希望、信任、支持和帮助。这种批评法不仅不会挫伤受批评者的自尊心和积极性，还会促使对方积极接受批评，努力改正自己的不足，可以说是最高明的一种批评方法了。

1. 消除对方的防卫心理

面对批评时，我们的第一个心理反应往往是防卫、抵触的，目的是保护自己。一旦产生了这种防卫心态，那他就很难再听进批评意见了，哪怕批评得很对，也是徒劳。

而三明治式的批评能很好地消除受批评者的防卫、抵触心理。因为它首先讲对方的长处，相当于在替对方辩护，营造了一个友好的沟通氛围，这样对方在面对后面的批评时就不会感觉太难堪，也就避免了因激怒对方而引起的冲突。

2. 解除对方的顾虑

批评往往是具有破坏性的，对被批评者的自信心、自尊心都会有很大的伤害。尤其是当你给予严厉的批评时，更会让对方心生恐惧，害怕受到更严厉的惩罚。这时候，三明治式批评法的最后一层，就起到了解除后顾之忧的作用，它通过给予被批评者鼓励、希望、信任、支持、帮助，使受批评者振作精神，重新再来，不致陷于沮丧的泥潭之中，难以自拔。

这种三明治式的批评策略，在很多情况下都是很有效的。

3. 保全对方的面子

没有人不好面子，而批评往往会伤害被批评者的面子，但三明治式的批评却能保全被批评者的面子。我们要明白，批评只是一种沟通的手段，不是沟通的目的，沟通的目的是让对方改正错误，如果因为批评激起对方的抵触情绪，使沟通陷入僵局，反而得不偿失。

确实，我们一味地批评对方的行为，会被对方视为：只会抓住自己的错误不放，而对自己的能力、为人、工作是否努力等方面忽略不提。这样，对方难免会觉得不公平，认为自己多方面的成绩或长期的努力没有得到应有的重视，而一次失误就被抓住，就会激起对方的愤懑，进而引发不必要的冲突。而如果我们在批评前先赞扬对方，就能避免对方产生这种误会，表明我们对他的工作、他的能力、他的努力都是看在眼里的，我们对他的批评也是对事不对人的，他自然就会放弃用辩解来维护自尊心的做法。

要让别人接受批评，先批评自己的错误

【难度系数】★★★

【适应人群】批评总是不被别人接受的人

【适应症状】

你每次批评下属，下属都觉得是你看他不顺眼，所以故意为难他。

批评闺蜜太宠溺孩子，却惹得闺蜜不高兴，好久都不理自己。

批评弟弟花钱大手大脚，结果弟弟不仅不听，还嫌你管得宽。

【沟通情境】

大安是一家快递公司的快递员，因为记混了地址，把几箱货物送错了。后来客户追问货物，才发现送错了。收货的人要无赖，不肯退还货物，气得大安差点和对方打起来，后来是老板找人从中协调，对方才退回了货物。但对方气不过，向国家邮政局投诉，快递公司决定对大安罚款 500 元。

大安想着领队肯定会狠狠地骂自己一顿，没准还会叫自己卷铺盖走人，简直是坐立难安，心里十分忐忑。没想到，领队把他叫进办公室后，并没有骂他，只是对他说："出了今天这个事，你心里肯定也不好受。不过俗话说得好，吃一堑长一智，希望你以后仔细一点，不要再出这样的差错了。"

高难度沟通

大安连连点头："头儿，你放心，我以后一定仔细看单子，再不会弄错了。"

"我知道你平时干活儿挺仔细的，这次也是我催得太急，害得你乱了分寸，这次的罚款就我们一人一半吧。"

"哪里，是我没仔细看单子……"

"事情都过去了，就别多想了。其实啊，我刚开始送货的时候，也送错了货，有一次收货的人死不认账，害得我只好自己借钱赔偿。从那以后啊，我就长记性了，每次出车前都先列一个送货路线，送完一家做一个记号，这个方法还挺管用，你也可以试试。过几天，我召集大家开个会，总结一下送货的一些经验。"

"谢谢头儿！"

"好了，加油干吧！"

试想，如果领队对大安一顿痛骂，大安会怎么样呢？如果大安脾气暴一点儿，直接就会和领队吵起来，甚至辞职走人；就算大安是个脾气温和的人，表面隐忍顺从，心里也会有所不满，干活儿的时候也会消极怠工。

【解决方法】

著名的翻译家、作家傅雷曾经说过：世界上最有力的论证莫如实际行动，最有效的教育莫如以身作则；自己做不到的事千万别要求别人；自己也要犯的毛病先批评自己，先改正自己。

现实往往就是如此，当我们说对方错了时，他的反应常让我们头疼，而当我们承认自己也许错了时，就绝不会有这样的麻烦。这样做，不但会避免所有的争执，而且可以使对方跟你一样的宽宏大度，承认他也可能弄错了。

指出对方错误时，他也许并不明白你的用意，是为了贬低他、抬高你自己，还是为了他好。因此，你应该尽量让他明白批评他是你的好意。讲话时态度一定要谦和诚恳，用语不能激烈，否则对方就会以为你在教训他；也不必过于委婉，否则他会认为你惺惺作态。

因此，为了避免激起对方的反感和抵触，我们在批评别人时，不妨先进行自我批评，先说一说自己从前做过的类似错事，一方面可以为对方提供活生生的例证，让他从这例证中认识到犯错的严重后果；另一方面也可以带给对方一定程度的认同感，拉近彼此的心理距离，营造出心胸开阔、坦诚相见的良好批评氛围，从而使对方更容易接受。

1. 上司批评下属前，先自我批评

上司在批评下属时，更要先进行自我批评。批评下属，固然是因为下属有了过失，但处于指挥和监督岗位的上司，其实也有不能推卸的间接责任。

上司真心承担责任有三个好处：一是做了表率；二是找到了自己的问题；三是便于确定下级的问题。假如上司仿佛自己没事儿一样，只把下属批评一顿，却不肯承担领导应承担的监督不当的责任，好像自己一贯正确，这样至少在他人看来很不

谦虚。于是，下属便有自己在领导心目中一无是处的委屈之感，虽表面未必反驳什么，但心中已耿耿于怀，成了上司工作的对立面。

因此，在批评下属时，上司最好首先自责，进而再点出下属的错误，使其有领导与他共同承担错误之感，由此产生负疚之情。这样，在以后的交谈中领导说多说少、说深说浅，下级不仅基本能承受得了，而且融洽了彼此之间的感情，不致弄得不欢而散。

2. 自我批评的目的，是教育对方

作为长辈或上级，把自己曾经的过错暴露在晚辈或下属面前，目的不在于自我检讨，而在于以自己的感悟来教育对方。这种借己说人的方法，让我们看到了融自我批评于批评中的魅力与力量。

3. 批评要选择适当的场合和时机

批评别人，还要选择适当的场合和时机。原则上讲，要在对方情绪比较稳定时指出他的不足之处。人在情绪不正常时，可能什么也听不进去。最好避开第三者，以一对一的方式进行，以免让他产生当众出丑的感觉。在大庭广众下指出别人的错误，除了会为自己多树立一个敌人外，别无益处。

批评时翻旧账最让人反感，最好就事论事

【难度系数】★ ★ ★

【适应人群】批评时喜欢翻旧账的人

【适应症状】

看到孩子犯错，骂着骂着就说什么"上次不是跟你说过了吗，怎么这么不用心，你说上次你是怎么跟我保证的？""作业都没做完，你就玩魔方，期中考试考成那样"等等。

抱怨恋人的一些毛病，说着说着就翻起旧账来，两个人直接吵了起来。

【沟通情境】

一名快递员因为工作失误，受到一个通报批评的处分。后来，他和一名同事吵了一架，于是物流主管找他谈话，对他进行批评。

物流主管把他叫到办公室，气冲冲地训斥他："你对同事大打出手，可真够威风的啊，是不是不想干了？"

快递员："我……"

没等他开口解释，物流主管又说："你怎么样？上次那个通报你忘了吧？我可是没忘啊……"

快递员的火也上来了："好啊，反正你早就看我不顺眼了，那就再给我一个通报批评吧！一个我抱着，两个我背着！"

物流主管气得说不出话来："你……"

两个人才谈了几句，就谈崩了，还差点动起手来。

其他人过来劝解，那名快递员说："他一上来就翻旧账，谁听了不冒火？"

物流主管也觉得十分委屈："并不是我喜欢揭人的疮疤，而是他的态度实在太恶劣，一点悔过的意思都没有。我这才忍不住翻起旧账来的。"

在对别人进行批评时，翻老账往往会触动别人最敏感的、最不愿意让他人触及的神经，从而使人产生极大的反感。

【解决方法】

批评最忌翻陈年老账，将对方过去的问题一股脑儿地抖出来以显示自己的理直气壮。殊不知，连珠炮式的指责只会扩大对方的对抗情绪，使所遇到的问题更难解决。

因此，批评最好就事论事，只针对当前发生的问题，帮助下属提高认识，将错误改正。翻老账会使下属产生逆反心理，直觉告诉他领导一直在做收集他全部缺点的工作，这一次是在和他算总账，因而会产生对立情绪，不会作出任何配合的。

在工作中，假如领导发现了连下属自己也没察觉的错误，除非过去犯错累累，不然应避免重提。再说，犯错的员工自己知错，而且也接受了处理，更不可翻旧账，这样做只会增加员工的反感，绝不可能收到批评的效果。

如果下属常犯同样的错误，最好是仔细研究过去的批评或惩罚，下属反省到什么程度，又改进了多少。对下属的改进应给予肯定，且不要重复同样的批评。

那么，面对别人的过错，怎样的批评才是正确而有效的呢？

1. 批评要对事而不对人

评价或批评，要对事不对人，即使批评，也要尽量给别人留足面子。所有批评都应当针对错误的行为，而不是人本身。否则容易演变成人身攻击，使双方之间形成对峙局面。

2. 批评要具体

在批评他人之前，一定要明确是就哪件事或事情的哪个方面进行批评，越具体明确越好。抽象笼统，一竿子打死一船人，则会把事情弄糟。

3. 批评要适可而止

批评别人时，要懂得适可而止，没有必要把对方置于死地，让对方无颜面示人，因为批评的目的是治病救人。

4. 批评要因人而异

每个人的性格不一样，所能接受的批评方式也有所不同，因此我们在批评别人时要注意选择适当的语言。

比如，在批评胆汁质类型的人时，不宜使用带有过多情感色彩的语言，但又不能因怕起"火"而不敢点，而是要摆出事实和道理，不给其以任何发作的借口。批评多血质类型的人，要适当给予情感刺激，激发其前进的动力。对抑郁质的人，批评的语言以点到为妥，并尽量消除彼此之间的距离感，增加感情上的认同。而对待黏液质类型的人，需要了解他们无闻而沉静的性格特点，采用循序渐进的鼓励方式，多给他们信心。

　　一般说来，对于改正错误、改进工作质量有浓厚兴趣的下属，领导者的指导性批评无异于一支清醒剂，会使其加倍努力工作。相反，那种缺乏兴趣的人，必须多费口舌调动或激发其改进工作质量的兴趣。对于那些无视批评、屡教不改的人，在严厉批评的同时，也要采取一定的组织行政措施，以儆效尤。

批评权威人物，只需要一句意味深长的暗示

【难度系数】★★★★
【适应人群】总是直言不讳地批评别人的人
【适应症状】

　　一旦发现别人的错误，总是给予过于苛刻的批评，经常让对方十分难堪。

　　即使是面对长辈或领导的错误，也总是直言不讳地指出来，毫不顾忌对方的面子。

【沟通情境】

宋朝知益州的张咏，听说寇准当上了宰相，对其部下说："寇公奇才，惜学术不足尔。"这句话一语中的。张咏与寇准是多年的至交，他很想找个机会劝老朋友多读些书。

恰巧时隔不久，寇准因事来到陕西，刚刚卸任的张咏也从成都来到这里。老友相会，格外高兴。临分手时，寇准问张咏："何以教准？"

张咏对此早有所考虑，正想趁机劝寇公多读书。可是又一琢磨，寇准已是堂堂宰相，居一人之下，万人之上，怎么好直截了当地说他没学问呢？张咏略微沉吟了一下，慢条斯理地说了一句："《霍光传》不可不读。"

回到相府，寇准赶紧找出《汉书·霍光传》，从头仔细阅读，当他读到"光不学无术，阇于大理"时，恍然大悟，自言自语地说："此张公谓我矣！"

当年霍光任过大司马、大将军要职，地位相当于宋朝的宰相，他辅佐汉朝立有大功，但是居功自傲，不好学习，不明事理，这与寇准有某些相似之处。因而寇准读了《霍光传》，很快便明白了张咏的用意。

【解决方法】

张咏与寇准过去是至交，但如今寇准位居宰相，直接批评效果不一定好，而且传出去还会影响寇公的形象；批评太轻了，又不易引起其思想上的变动。在这种情况下，张咏的一句赠言《霍光传》不可不读"，可以说是绝妙的。

别看这仅仅是一句话，其实它能胜过千言万语。"不学无术"，这是常人难以接受的批评，更何况是当朝宰相，而张咏通过教读《霍光传》这个委婉的方式，就使寇准愉快地接受了自己的建议。正所谓："借它书上言，传我心中事。"

在日常生活中，我们常常会用到批评这种手段，但我们有些人批评起人来简直让人无地自容，下不了台阶。其实，这种批评方式不但无法达到让他人改正错误的目的，而且有碍于你的人际关系，严重时甚至会毁掉一个人。既然如此，为何还要使用这种"残酷"的手段呢？

在生活和工作中，我们不可能没有批评，但要学会巧妙地批评，让他人既意识到自己的错误，同时也理解你善意批评的意图，使他内心里对你心存感激。批评最好的方式就是进行暗示。

暗示式批评就是不正面提出批评，而把批评的意思暗示在谈话之中，让被批评者自己去理解、接受。你顾及了他人的面子，他人心里就会有所感激并把你当成和善且值得交往的人。尤其是当你要批评的对象是权威人物，对你的人生有着极大影响力的权威人物时，最好不要直接批评，而要通过暗示来间接批评。

1. 用故事来暗示

人们大都喜欢听故事，通过说故事的形式来阐述一个道理，既生动形象地暗示了对方的错误，又保全了被批评者的面子，增强对被批评者的感染力。

2. 用笑话来暗示

笑话的言辞诙谐，语调幽默，很能活跃、缓解沟通气氛。当你不便明确指出对方的错误时，不妨借助一则恰当的笑话，来暗示对方的错误，这样就避免了对方尴尬，不使谈话陷入僵局，使得你的批评易于接受。

3. 用轶闻来暗示

名人因为是一代英才，因此备受推崇，大家对名人的轶闻轶事也喜闻乐见。因此，当你不便明确指出别人的错误时，也可以借用以名人的轶闻轶事来暗示，这样被批评者不仅不会感到尴尬，反而会产生一种与名人作比较的自豪感，更易于接受批评意见。

总之，间接指出别人的错误，要比直接说出口来得温和，且不会引起别人的强烈反感。那些对直接的批评会非常愤怒的人，间接地让他们去面对自己的错误，会有非常神奇的效果。

要指出上司的错误，正话反说最不易伤和气

【难度系数】★★★★★
【适应人群】批评别人时过于严厉的人
【适应症状】

曾在公共场合，直接批评别人的缺点。

曾经对外宣扬别人的不足，使人下不来台。

谈论甚至批评别人的缺点时，总是不分时间、不分地点。

直接指出他人的缺点，却不被他人所接受。

【沟通情境】

有一次，秦始皇异想天开，打算把打猎游乐的园林东延至函谷关，西扩至雍、陈仓一带。这样一来，几千万亩农田将成为牧场。这是一件劳民伤财的事，但大臣们谁也不敢冒死阻止秦始皇。

优旃听到这个消息，想反对秦始皇这一决定。于是，他找了一个秦始皇兴致较高的时候探听虚实："听说皇上要扩大园林。"

"是有这么回事！"秦始皇得意地说。

"那真是太好了！不过我还有个小小的建议，希望您在园中最好再尽量多养育各种飞禽走兽，特别是要多养些麋鹿，一旦有敌人从东方来进攻，咱们让这些麋鹿去顶他们就行了。"

秦始皇听了，哈哈大笑。再一想，明白了优旃的话，觉得自己的做法确实不妥，于是把扩大园林的事搁下了。

优旃利用"赞扬"达到了批评的目的，同时也保全了自身性命。表面上是赞同皇上的主意，言外之意则说如果按此以往，国力必将空虚，敌人就会趁机进攻。这就是正话反说的批评法。

【解决方法】

很多人在工作中因为怕得罪上司，对上司的一言一行唯唯诺诺；当上司的意见或者见解不正确的时候，他即便知道也不说。当看到上司犯错误的时候，他更是怕得不敢去说，这样的下属或许会赢得上司一时的喜欢，但是绝对不会是长久的。

其实，大多数领导都有自知之明，根本用不着别人严厉的批评，只需要下属采用正话反说的方式暗示一下，就能明白过来，及时修正自己的错误。

反语，是指所说的道理或所举的事例全是和真理明显相违背的。这种手法贵在故意送明显的悖谬给对方，使对方在明显的悖谬中省悟到自己也同样错了，因此而改变主意。

反语批评在特殊的场合或特殊的人物面前若运用得好，常常能收到意想不到的效果。这种手法无论对什么样性格的人都适用，就连残虐无比的秦始皇，也被优旃的反语批评说服了。

当然，反语批评也是要讲究技巧的，如果使用不当，很容易激怒上司，影响自己的前途。

1. 先赞扬再批评

要指出上司某个建议的错误时，最好先对上司的建议进行一番恭维的赞扬，如你可说："太好了！""它太好了！"然后对这个建议的优点大概作个分析，阐明你认同的原因。紧接着点出这个建议的局限性，让上司意识到这个建议存在的不足，从而让其动摇对这个建议的坚持。这时，你就可乘机推出你的建议，并详细分析这个建议的优点，从而让上司认识到你的建议要优于他的建议。采用这种方法既不失上司的自尊心，同时也不会使他产生不悦。待他作一番详细的斟酌后，他就极有可能推翻自己的建议而采纳你的建议。

2. 迂回说理

要想指出上司的错误，尤其是要提出与上司完全相反的建议时，一定要仔细研究上司的性格特点，千万不能粗心大意、不考虑对象、不分析形势，只知冒冒失失去据理力争。聪明的人分析具体情况，在某些场合，需采取迂回战略，进行迂回说理。

故事中的优旃，就是通过迂回曲折的方式进行说理，最终使秦始皇在大笑之后反思优旃话中的真意，最终改变了扩建园林的主意。

3. 正话反说

指出上司的错误，还跟上司提相反的意见，如处理不好，就成了和上司对着干的"刺头"下属，成为上司的"眼中钉""肉中刺"，前途尽毁。为了避免这种不良后果，你在批评上司时，最好正话反说，从事情的反面入手，用暗示来点醒上司。在你的反话中，上司往往会认识到自己的不对，自然就会改变他原来的意见，而且这样上司也不会觉得你是在扫他的面子。

孩子沉迷网络游戏，发火不如帮他培养别的兴趣

【难度系数】★★★★

【适应人群】苦于孩子沉迷于网络的人

【适应症状】

孩子因沉迷于网络而影响了学习。

孩子爱玩电脑，无论怎么劝导，他都不听。

孩子沉迷于电脑，你却又无可奈何。

【沟通情境】

邹女士的儿子小盼今年14岁，天资聪颖，就读于一所重点中学，一直都是老师、家长眼里的好学生。但今年3月，当同学们正埋头复习时，小盼竟去一家网吧打游戏，从此一发不可收拾，把学习都抛到了脑后，成绩一落千丈。

原本一家人幸福的生活由此笼罩上了乌云。邹女士和丈夫

高难度沟通

对他不论是规劝还是打骂，都没有用。他们甚至还买来一些电脑方面的书籍，想培养儿子从事相关工作，但小盼却因为看不懂而放弃。

子不教，父母之过也。于是，邹女士开始反思，采用这种"棍棒"加说教的方式来管教孩子，只会激发孩子强烈的抵触情绪，反而使他更加沉迷于网络游戏。

现在她真正要做的，不是如何限制小盼上网，而是如何转移小盼对上网的注意力。所以，邹女士就慢慢地改变了做法，不再坚决要小盼和网络游戏"划清界限"，甚至为满足小盼的需求，购买了新电脑，还在奶奶家也装上了宽带。再也不对小盼严加看管，甚至不再要求他考上名校。

小盼对父母的逆反心理也慢慢地消失了，清楚地明白了父母对自己的关怀和望子成龙的心理。于是他停止了打网络游戏，开始专心学习。

父母看到孩子沉迷网络游戏时，往往有种恨铁不成钢的感觉，总是发火训斥孩子，但这样只会激起孩子更大的抵触心理，把亲子关系弄得更僵。帮孩子培养别的兴趣，才能真正解决问题。

【解决方法】

今天，互联网已渗透到人们生活的每一个角落，在人们能够想象的领域中，它几乎无所不在。通过它，人们可以和朋友保持联系、浏览信息、听音乐，生活无疑方便了很多，但同时，它也带来了一些负面的影响，最突出的问题就是青少年的网络成瘾。

当一部分父母为孩子沉迷于游戏不能自拔而痛心疾首的时候，另一部分家长却为孩子坐在电脑前的时间越来越长而怨声载道。网络时代的到来，令许多孩子沉溺网海，与家人相处的时间越来越少，亲子关系也日渐疏远。据有关专家预测，随着时代的发展，因网络而形成的家庭问题将会增加，并将成为家长及孩子之间矛盾的焦点之一。

那么作为家长，要采取怎样的方法才能解救沉迷于网络的孩子呢？

其实，对待那些沉迷网络的孩子，说教打骂并不是解决之道，反而只会让他们对父母产生一种逆反心理，要让孩子不再沉迷于网络，最重要的是要让孩子树立自己的理想和培养新的兴趣。

硬性规定孩子以后不许再碰电脑不太可取，给他们贴上"问题少年"的标签，用说教的方式来管教，只会激发孩子的抵触情绪。

要了解孩子的内心世界，理解他们的需求，要引导而不是一味地指责他们。

父母在购买电脑时，应该和孩子定下一些规定，比如每天用多少个小时上网，什么时候上网等等，还要指导孩子怎样正确使用互联网，并且在适当的时候，告诉孩子你很担心他花那么多的时间上网。

培养孩子其他方面的兴趣，转移孩子的注意力，但是新的兴趣应该是健康无害的。

第八章

谈判只是沟通的手段，目的是让双方更好

和对方讨价还价时，吹毛求疵最能令对方让步

【难度系数】★★★

【适应人群】不知道讨价还价的人

【适应症状】

买东西从不还价，经常高价买东西，被大家看作是"冤大头"。

工作中遇到客户挑毛病，不知道该怎么应对，经常被气得偷偷哭。

【沟通情境】

有一次，某服装店的老板到一家服装厂采购一批冬季服装。老板看中一种皮夹克，问服装厂经理：

"多少钱一件？"

"500 元一件。"

"400 元行不行？"

"不行，我们这是最低售价了，再也不能少了。"

"咱们商量商量，总不能要什么价就什么价，一点儿也不能降吧？"

服装厂经理感到，冬季马上到来，正是皮夹克的销售旺季，

不能轻易让步，所以很干脆地说："不能让价，没什么好商量的。"

老板没急着讨价还价，而是不慌不忙地检查产品，然后说："你们是个老厂子，信得过，所以我到你们厂来采购。不过，你们这批皮夹克式样有些过时了，去年这个式样还可以，今年已经不行了。颜色也单调，你们只有黑色的，而今年皮夹克的流行色是棕色和天蓝色。"

他边说边看其他的产品，突然看到有一件衣服的口袋有裂缝，马上又说道："你看，你们的做工也不如其他厂精细。"

他仍边说边检查，又发现有件衣服后背的皮子不好，便说："你看，你们这衣服的皮子质量也不好。现在顾客对皮子的质量要求特别讲究。这样的皮子质量怎么能卖这么高的价钱呢？"

这时，经理沉不住气了，于是用商量的口气说："你要真想买，而且要得多的话，价钱可以商量。你给个价吧！"

"这样吧，我们也不能让你们吃亏，我们购50件，400元一件，怎么样？"

"价钱太低，而且你们买的件数也不多。"

"那好吧，我们再多买点，买100件，每件再多30元，行了吧？"

"好，我看你也是个痛快人，就依你的意见办！"

为什么服装店老板能砍价成功？原因很简单，他采用了吹毛求疵策略，对商品进行贬低，干扰卖家的思维，迫使卖家做出了让步。

【解决方法】

不断地揪出产品所谓的毛病，不断地提出问题，精明的买家在提问题的同时，也是不断地挑战对方底线，降低自己成本的过程。他的每一个问题都有针对性，而他眼里的毛病也不一定是产品真正的瑕疵，这是一种策略。

卖场里是这样，谈判桌上同样如此。精明的谈判者会抓住对方的漏洞和不足，作为迫使对方让步的筹码。

"你们合同里的这部分符合规定吗？"

"你们的产品真的完美无缺吗？"

不管这些是不是对方的问题，先提出来，对方就会好好想想，而他想的过程，很可能就是退让的过程。一来一往间，一方的谈判筹码和信心激增，另一方却被你的问话术搞得思维凌乱，谈判也失去了往日的章法。一旦达到这样的程度，谈判桌上占据主动的将是你，而不是他人。

吹毛求疵谈判方法在商贸交易中已被无数事实证明，不但行得通，而且卓有成效。有人曾做过试验，证明双方在谈判开始时，倘若要求越高，则所能得到的也就越多。因此，许多买主总是一而再、再而三地运用这种战术，把它当作一种"常规武器"。

下面就是一些可以在谈判中运用的、具体的吹毛求疵的策略：

1. 从对方产品质量入手

如果能找到对方产品的一些质量问题，就能降低对方心中产

高难度沟通

品的完美度，使对方动摇，从而达到谈判成功，迫使对方降价的目的。

2. 从对方产品风格入手

谈判时，可以以对方产品的风格不合自己要求，暗示对方降价，例如颜色、款式、大小等等。

3. 从对方的售后服务入手

有的公司会为自己的产品安排售后服务，这时就能将售后服务作为突破点，找出他们售后服务的漏洞，然后一举攻破他们谈判的心理防线。

"吹毛求疵"既然有如此功效，又是常常被人用到的"常规武器"，我们不禁会问：当我们遇到吹毛求疵的对手时，又该如何反击呢？

必须沉着、耐心，随着时间的推移，那些虚张声势的问题就会不攻自破。

对于某些非关键的问题和要求，应避重就轻或熟视无睹地一带而过。

当对方在有意拖延时间、节外生枝或提出无理要求时，必须及时地提出抗议。

向买主提供一个具体而彻底的解决方案，而不去讨论那些枝节性问题。

千万不要轻易地做出任何让步。卖主应尽量设法削弱对方的声势，同时也可提出某些虚张声势的问题，来加强自己的议价能力。

谈判双方僵持不下，如何靠小让步搞定成交

【难度系数】★★★
【适应人群】不知道如何化解谈判僵局的人
【适应症状】

　　和客户在价格上出现分歧，无法达成一致时，谈判就陷入了僵局，常常以失败告终。

　　在谈判中你总是很严肃，也不能轻松自在地与他人开个玩笑。

　　谈判陷入僵局时，你不是不想让步，就是让步得太多。

【沟通情境】

　　一个木材商接到送货员的电话，说他们送去的一批木材，被家具厂的检测员认定为不合格，要求更换。这种事不是第一次了，那个家具厂的检验员是个新手，只会照着书本上的知识来，而且还是一根筋，无论怎么和他理论，他就是坚持不理会，坚持错到底。

　　木材商马上开车去了家具厂，见到那个检测员时，笑着打了个招呼，然后根本不提木材质量问题，只是说："让我们去看看吧。"

木材商请检验员把不合格的木材一一挑选出来，单独摆在另一边。他没有拿出自己的丰富经验，来证明对方是错误的，而是向检验员虚心求教："不合格的木材，我们待会儿就拉回去更换，但还请你为我讲一讲贵厂对木材的具体要求，这样我们下次送货时，才能完全满足贵厂的质量要求。"

检验员一听，反而不好意思为难他了。他自己拿出工厂的质量标准一看，才发现他认为"不合格"的那些木材，其实很多都是他疏忽认定错了，但他又不好意思承认错误。木材商也没有点出来，而是把那些"不合格"的木材拉走，更换了一批新木材。这一次，顺利地通过了检验。

在谈判过程中，如果对方强烈要求让步，不让步就谈不下去，这时你可以适当地做出一点小让步，从而换取对方在其他方面的更大让步。

【解决方法】

谈判是一个斗智斗勇的过程，期间，让步是非常重要的一个组成部分。让步策略运用好了，等于用有限的权力实现无限的利益。

谈判桌上风云变幻，任何一方都希望自己能够在复杂的局势中左右谈判的发展，于是，谈判在很多时候就像战场上打仗一样激烈。

一般来说，谈判进行到非常激烈的程度，往往需要有一方做出让步才能推动谈判继续进行。不过，对于让步的一方来说，并不一定要漫无目的、毫无原则地退让。若能有策略地退让，让步的一方同样可以为自己争取很多利益。

那么，让步的一方应该如何具体地去"让"呢？同样，我们仍先假设自己的让步分为四个阶段，将让步利益的总份额规定为18份。以下两种就是针对不同情况的参考策略。

1. 适用于讨价还价比较激烈的谈判

在缺乏谈判知识或经验的情况下，以及在进行一些较为陌生的谈判时运用这种策略，效果也比较好。

让步策略：4.5—4.5—4.5—4.5，即在让步的各个阶段中等额地让出可让利益，让步的数量和速度都是均等稳定的。国际上将这种挤一步让一步的策略称之为色拉米香肠式谈判让步策略。

策略优点：这种策略对于双方充分讨价还价比较有利，容易在利益均沾的情况下达成协议。由于让步平稳、持久，坚持步步为营的原则，这样不仅使对手不会轻易占到便宜，而且如果遇到性急或没有时间长谈的对手则会因此占据上风而获利。

策略缺点：平淡无奇的让步模式不仅让步效率低，通常要消耗双方大量的精力和时间而使谈判成本增高，而且容易使人产生乏味疲劳之感。由于对方每讨价还价一次都会获得等额的一份利益，这就刺激了他们要进一步等待而诱发出要使本方出让更多利益的欲望。

高难度沟通

2. 适用于竞争性较强的谈判

让步策略：2.4—0.9—5.1—9.6，即在开始时在较适当的起点上让步，然后在第二步时做出减量让步的姿态，给对方一种已接近尾声的感觉。

策略优点：如果对方仍紧追不舍，再大步让利，最后在一个较高的让步点上结束。这种让步策略富于弹性和活力，如果对手缺乏经验和耐心，则可为本方保住较大的原可出让的利益。这样，后两步的大让步将让你的谈判对手发现它的谈判成功把握较大，从而促成谈判更容易成功完成。

策略缺点：前三期让步数量忽少忽多，容易使对手感到本方诚意不足；前两期与后两期相比，出让利益反差较大，对方又会因此而增高期望值，可能会力图继续讨价还价，增加不必要的麻烦。

相对而言，这种策略要求谈判者的谈判技术比较强，它要求谈判者能够有充分的能力去掩饰你的破绽，消除利用这种方法所带来的不利影响。

此外，谈判者在进行让步时必须牢牢把握以下几项原则：

第一，对比较细微的问题先做让步，以求对手在较为重大的问题上做出让步作为回报；

第二，本方的每次让步都应该能从对手那里获得回应；

第三，应使对方在付出努力后才能得到本方的让步；

第四，无条件地接受对方的首次让步要求是非常危险的；

第五，尽量争取于己无损的让步。

我方处于劣势时，如何通过让步化险为夷

【难度系数】★★★★
【适应人群】谈判中处于不利形势的人

【适应症状】

　　谈判中常常都会陷于不利境地。

　　曾有在谈判中被对手狠狠攻击而导致谈判失利的经历。

　　当谈判不利于己时，总是不知道怎样挽回局面。

【沟通情境】

　　1923 年，苏联国内食品短缺，苏联驻挪威全权贸易代表柯伦泰奉命与挪威商人洽谈购买鲱鱼。

　　当时，挪威商人非常了解苏联的情况，想借此机会大捞一把，他们提出了一个高得惊人的价格。柯伦泰竭力进行讨价还价，但双方的差距还是很大，谈判一时陷入了僵局。柯伦泰心急如焚，怎样才能打破僵局，以较低的价格成交呢？低三下四是没有用的，而态度强硬更会使谈判破裂。她冥思苦想终于想出了一个办法。

　　当她再一次与挪威商人谈判时，柯伦泰十分痛快地说："目前我们国家非常需要这些食品，好吧，就按你们提出的价格成交。

如果我们政府不批准这个价格的话，我就用自己的薪金来补偿，你们觉得怎么样？"

挪威商人听了她的话，一时竟呆住了。

柯伦泰又说："不过，我的薪金有限，这笔差额要分期支付，可能要一辈子，怎么样，同意的话咱们就签约吧？"

柯伦泰的这句话虽然让挪威商人很感动，但也感到了其中某种强硬的意味，要还一辈子？这里面似乎已经没有讨价还价的余地。最后，经过一番深思熟虑，他们最终还是同意降低了鲱鱼的价格，按柯伦泰的条件签订了协议。

在谈判中处于劣势时，如果一味地让步，反而会让对方以为你必须依附于他，变本加厉地提出更多要求，倒不如软中有硬，先软后硬，表明自己让步的底线，反而让对方心生顾忌，不得不也做出一些让步来。

【解决方法】

在谈判中，有些时候我们会处于劣势状态。一些没有经验的朋友可能会对此束手无策或争取利益不当，从而导致谈判失败或陷入僵局。其实，这种情况的明智之举，应该是通过巧妙地让步策略来化险为夷，在形式尽可能允许的情况下最大化自己的利益，最终完成谈判。

对此，我方具体如何去让步呢？

我们先假设自己的让步分为四个阶段，将让步利益的总份额规定为 18 份。以下三种就是针对不同情况的参考策略。

1. 适合应用于我们所处形势恶劣，或者我们与谈判对方关系较好时

让步策略：18—0—0—0，即在让步阶段的一开始就全部让出可让利益，而在随后的三个阶段里无可再让。

策略优点：这种让步策略坦诚相见，比较容易打动对手采取同样的回报行动来促成交易成功。同时，率先做出大幅度让步会给对方以合作感、信任感。直截了当的一步让利也有益于速战速决，降低谈判成本，提高谈判效率。

策略缺点：由于一次性大步让利，有可能失掉本来能够力争到的利益；这种让步操之过急，会使对方的期望值增大而要进一步讨价还价，强硬而贪婪的对手会得寸进尺，而本方可出让利益已经全部让出，因此在后三阶段皆表现为拒绝，这样一来就可能导致僵局。

2. 适用于当我们急于成功，但所处形势的不利时

让步策略：14.7—0.3—0—3，即在让步的初期就让出绝大部分可让利益，紧接着大幅度递减，以至在第三期为零，最后又反弹在适中程度上结束让步。

策略优点：这种让步策略显现了突出的求和精神。一开始就极大幅度地让步，增大了对方实行回报的可能性。在第二期中让步份额锐减，以至在第三期为零，这可能打消对手进一步要求让

利的期望。最终又让出小利，既易显示本方诚意，又会让对方适可而止，满意签约。此种策略虽然藏有留利动机，但客观上仍突出的是以和为贵的精神，让步的艺术性较高。

策略缺点：在初期即大步让利，显现出软弱的倾向，如果对手强硬、贪婪，会刺激他们变本加厉地进攻。在第三期时完全拒绝让步，可能会使谈判出现僵局。

3. 适用于我方处境危险，又不愿使已付出的代价作废时

在这种时候，我方只能以超限额的让步为代价来挽救谈判，才有希望促成交易成功。这种策略的实施富于戏剧性，它要求谈判者富有经验、讲求技巧、灵活运用，适用于处在僵局或危难性的谈判。

让步策略：15—3—3—-3，即在前面两期中就全部让完可让利益，到第三期是赔利相让，只是在第四期以某种其他的方式再讨回赔利相让的利益。

策略优点：这种让步策略在前三期超限额地做出让步，因此具有很大的吸引力，易使陷入僵局的谈判起死回生。在对手获得超满足感后，又巧妙地I最后一期以其他方式讨回超额付出的利益，极富冒险性与技巧性。

策略缺点：前三期即超份额地让出可让利益，这会导致对手期望的增大。如果在第四期向回讨利不成功，则会损害本方的利益，甚至导致谈判破裂。

面对咄咄逼人的对手，不妨装装糊涂

【难度系数】 ★★★★
【适应人群】 遇到咄咄逼人的对手，就节节败退的人
【适应症状】

谈判时一遇到对方态度恶劣，吹毛求疵、咄咄逼人，就会控制不住跟着暴躁起来，和对方争执。

在对方的步步紧逼之下，自己节节败退，多次让步。

一看到对方态度强势，半分不肯让步，就不知道该怎么谈下去。

【沟通情境】

日本某航空公司在和美国一家公司谈判。谈判从早 8 点开始，美国人完全控制了局面，他们利用手中充足的资料向日本人展开攻势。他们通过屏幕向日本人详细地介绍、演示各式图表和计算机结果。而日本人只是静静地坐在那里，一言不发。两个半小时之后，美国人关掉放映机，扭亮电灯，满怀信心地询问日方代表的意见。

一位日方代表面带微笑、彬彬有礼地答道："我们不明白。"

"不明白？什么地方不明白？"

另一位代表回答："都不明白。"

美国人再也沉不住气了："从哪里开始不明白？"

第三位代表慢条斯理地说："从你将会议室的灯关了之后开始。"

美国人傻了眼："你们要怎么办？"

三个日本商人异口同声说："请你再说一遍。"

美方代表彻底泄了气。他们再也没有勇气和兴致重复那两个半小时的紧张、混乱的场面。他们只得放低要求，不计代价，只求达成协议。

美方代表是有备而来的，日方代表如果和他们正面交谈，或许很难占到便宜。日方代表索性收敛锋芒，宣称自己什么也不懂，大部分时间选择沉默，只一句"您能再说一遍吗"就打乱了对方的阵脚，获取谈判桌上的主动。

【解决方法】

大多数人认为，一个优秀的谈判家应该是一个风度翩翩、伶牙俐齿、反应敏捷的强者。其实，在实际的谈判场合中，往往表面上弱势的人，比如口才笨拙、个性朴钝的人，反倒容易达到目标，在别人看来很明显的缺陷反而转变成了有利条件。

很多著名的谈判专家都谈到过和那些犹豫不决、愚笨无知或固执一端的人打交道时所产生的挫折感。因为在一个根本听不懂你在说什么的人面前，再精辟的见解、再高深的理论、再高明的技巧，又能起什么作用呢？没有了对手，你还有什么精神去冲锋陷阵呢？

因此，如果我们在谈判中遇到攻击型的对手，他们咄咄逼人、气势汹汹，就不妨采用"装傻"示弱的方法，以消除对方的排斥感和敌对心理；松懈他的警惕性，助长他的同情心，使谈判朝着有利于你的方向发展。你不妨常常把"对不起""我不太理解""你能再说一遍吗？"或者"我全都指望你帮我了"之类的话挂在嘴边。直到对方兴致全无，一筹莫展，完全丧失毅力和耐心。

在有些谈判中，一些谈判者为了显示自己的实力和气势，在谈判一开始就表现得来势凶猛、气焰嚣张，企图从一开始就使对方处于被动地位。此时就可以运用静观其变的策略，使其"一鼓作气，再而衰，三而竭"，以平等的地位重新与你进行谈判。

沉着耐心，随着时间的推移，那些虚张声势的问题就会不攻自破。

对于某些非关键的问题和要求，应避重就轻地一带而过。

要遏制强硬的对手，就抢先说出他的反对意见

【难度系数】★★★

【适应人群】批评别人时，观点过于绝对的人

【适应症状】

自己提出的意见，都被对方强硬地一一否定。

批评别人时，一棒打死，完全不给别人留退路。

【沟通情境】

一个房屋中介带客户看一套房子。这套房子靠近车站，交通非常方便，价格也实惠，但因为临近一座钢材加工厂，白天会听到许多铁锤敲打声和大型研磨机的噪音。

这位客户原来住在物流站附近，那地方噪音也不小，所以其实他对这所房子的噪音应该不会有太大意见。

但为了避免客户用这点来要挟降价，中介就故意先袒露了房子的这个缺点："实际上这套房子比周围其他小区的房子要便宜得多，这主要是由于附近工厂的噪音大，如果您对这一点不在意的话，其他如价格、交通条件等都符合您的愿望，买下来还是合算的。"

客户点点头，表示同意："您特意提出噪音问题，我原以为这里的噪音大得惊人呢，其实这点噪音对我家来讲不成问题，我一

直住在 10 吨卡车的发动机不停轰鸣的地方。况且这里一到下午 5 时噪音就停止了，不像我现在的住处，整天震得门窗咔咔响，我看这里不错。其他中介都是光讲好处，像这种缺点都设法隐瞒起来，您把缺点讲得一清二楚，我反而放心了。"

在商业谈判时，对方肯定会提出反对意见，与其费劲辩解，倒不如抢先说出某些令对方感到困扰和疑虑的问题，并提出相应的解决建议，反而更显得真诚、体贴周到。

【解决方法】

谈判中遇到反对意见是很正常的事情。如果坐到谈判席上，在意想不到的情况下突遭对方的反驳后再支支吾吾地招架，必定会处于下风。如果能够实现预估到对方会有哪些反对意见，并做好充分的准备来应对，事先估计到人家会反驳，但只准备一些应答的对策还不够，仍容易被对方打败。在争论中占据上风并不是谈判的根本目的，充其量不过是谈判形势的走向问题。

但如何应对这些意料之中的反对意见呢？

最好的应对方法，就是在他们还没有说出反对意见之前，你先把对方的反对意见说出来，然后将其一一否定。

当然，要做到这一点，需要掌握一些技巧：

1. 列出对方可能有的反对意见

商务谈判往往是团队作战，因此在正式谈判前，一定要进行团队内部的磋商，列举出谈判对手可能有的一些反对意见，事先想好应对策略："估计对方会以此为理由攻击我们，你先主动地把这个问题提出来！"

2. 利用内部争论堵住对方的嘴巴

在谈判中，当同伴讲出了这个意见以后，你马上指出："不对，这种观点是错误的。"如此这般，将这些反对意见一个一个地化为乌有。同时，你方的几个人之间还可以故意发生争执。这样做不会在对方面前露出什么破绽，反而会在保全对方面子的情况下使其接受你方的方案。

对于那些不好解决的反对意见，就更要用内部争吵的方法来解决。比如数落自己的同伴："你怎么提这么蠢问题，××怎么可能这么做呢？"很好地堵住对方的嘴巴。

而且，当你方内部互相争论的时候，很容易形成一种在场的所有人都在议论的气氛，结论也仿佛是在对方的参与下得出来的。于是在大家的思想中能够形成一种全体参与、共同协商的意识。

3. 抢先提出反对意见，并给予否定

如果是一对一的谈判，那你就要在对方即将提出反对意见时，抢先说："在公司里谈论这个方案的时候，有个家伙竟然这样说……"这么一来，不管持这种意见的人有没有，都会产生敲山镇虎的效果。

说完以后，你还要征求对方有什么感想。听你这么一说，只要不是相当自信的人就很难说出"我也是这么想的"这句话。即

使摩拳擦掌准备提出这种反面意见的人，也不愿落得与"这个家伙"相同的下场，所以只得应付说："是嘛，这么说可就太奇怪了。"

用这个办法，将对方的反面意见压制住，哪怕只有一次，在以后的谈判过程中对方就不会轻易反驳了。

4.抢先说出对方的担忧

要在谈判中遏制对方，就要抢先说出对方从他们自己的立场出发所产生的不安和所要承担的风险。比如说："我如果是经理的话，这种事情太可怕了，恐怕不敢瞎说。"或者说："也有出现这种情况的可能，所以我如果站在经理的立场上，也许会想办法回避。"把自己所预料出现风险的可能性间接地表达出来。

在达成协议还是谈判破裂的岔口上，语气再稍微强硬一些也未尝不可："如果站在经理的立场上，我会认为，造成谈判破裂要比被迫接受对方的条件可怕得多。"

遇到艰难的拉锯战，就用"最后通牒"逼对方屈服

【难度系数】★ ★ ★ ★
【适应人群】谈判一进入拉锯战就主动放弃的人

高难度沟通

【适应症状】

谈判进行了很久，却一直没能达成协议。

对方一直不妥协、不让步，甚至提出许多荒谬的提议，对我方的提议全然漠视。

【沟通情境】

美国汽车大王亚科卡在接管濒临倒闭的克莱斯勒公司后，觉得第一步必须先压低工人工资。他首先降低了高级职员的工资10%，自己也从年薪36万美元减为10万美元。随后他对工会领导人讲："17元一小时的活儿有的是，20元一小时的活儿一件也没有。"

这种强制威吓且毫无策略的话语当然不会奏效，工会当即拒绝了他的要求。双方僵持了一年，始终没有进展。后来亚科卡心生一计，一日他突然对工会代表们说："你们这种间断性罢工，使公司无法正常运转。我已跟劳工输出中心通过电话，如果明天上午8点你们还未升工的话，将会有一批人顶替你们的工作。"

工会谈判代表一下傻眼了，他们本想通过再次谈判，从而在工薪问题上取得新的进展，因此他们也只在这方面做了资料和思想上的准备。没曾料到，亚科卡竟会来这么一招！被解聘，意味着他们将失业，这可不是闹着玩的。工会经过短暂的讨论之后，基本上完全接受了亚科卡的要求。

亚科卡经过一年旷日持久的拖延战都未打赢工会，而出其不意的一招"最后通牒"竟然奏效了，而且解决得干净利落。

【解决方法】

在谈判中，有些谈判者摆出架子准备进行艰难的拉锯战，而且他们也完全抛开了谈判的截止期。此时，你的最佳防守兼进攻策略就是出其不意，发出最后通牒并提出时间限制。这一策略的主要内容是，在谈判桌上给对方一个突然袭击，改变态度，使对手在毫无准备且无法预料的形势下不知所措。

对方本来认为时间挺宽裕，但突然听到一个要终止谈判的最后期限，而这个谈判成功与否又与自己关系重大，不可能不感到手足无措。由于他们很可能在资料、条件、精力、思想、时间上都没有充分准备，在经济利益和时间限制的双重驱动下，会不得不屈服，在协议上签字。

所谓"最后通牒"，常常是在谈判双方争执不下、陷入僵持阶段，对方不愿做出让步以接受交易条件时所采用的一种策略。实践证明，如果一方根据谈判内容限定了时间，发出了最后通牒，另一方就必须考虑是否准备放弃机会，牺牲前面已投入的巨大谈判成本。

发出"最后通牒"时，一定要注意一些语言上的技巧，要把话说到点子上。

1. 出其不意，语气坚定

运用此道，在谈判中首先要语气舒缓，不露声色，在提出最后通牒时要语气坚定，不可使用模棱两可的话语，使对方存有希望，以致不愿签约。因为谈判者一旦对未来存有希望，想象将来可能会给自己带来更大的利益时，就不肯最后签约。故而，坚定有力、不容通融的语气会替他们下定最后的决心。

2. 时间限制一定要明确、具体

在关键时刻，不可说"明天上午"或"后天下午"之类的话，而应是"明天上午 8 点钟"或"后天晚上 9 点钟"等更具体的时间。这样的话会使对方有一种时间逼近的感觉，使之没有心存侥幸的余地。

3. 言辞要委婉

必须尽可能委婉地发出最后通牒。最后通牒本身就具有很强的攻击性，如果谈判者再言辞激烈，极度伤害了对方的感情，对方很可能由于一时冲动铤而走险，一下子退出谈判，这对双方均不利。

面试求职时谈薪酬，怎么开口最自然

【难度系数】★★★★
【适应人群】面试时不知道如何询问薪酬的人
【适应症状】

在面试中，你不能清楚地估计自己的期望薪酬。

你曾在面试中，因为薪酬问题而与面试官不欢而散。

面试时，你想询问有关薪酬的问题，但又怕给面试官留下不好的印象。

面试过程中，在谈论薪酬时，总是不能把握谈论的分寸。

【沟通情境】

小宫是某大学的高才生，毕业后应聘到一家影视公司做助理。在最后谈工资的时候，经理问道："你的期望薪酬是多少？"

说实话，小宫当时就有点懵了，作为一个应届毕业生，没工作经验，根本就没有可以比较的，也不太清楚经理的意思。小宫想了想，笑着说："经理你看呢？您说给我多少啊！"

经理又说："像你们这样刚毕业的助理一般就是3000多吧！"

小宫随后说道："那大致上就3000～4000之间吧！和市场挂钩啊！您看怎么样？"

小宫使用比例方法，不会把话说死，给自己留下了回旋余地。

同一个公司，同样的职位，有的人去应聘却能拿到几十万的高薪，有的人却插了个草标就把自己卖了，这是为什么呢？归根结底，还是你不懂谈薪酬的技巧。

【解决方法】

在面试中，薪酬问题一直是招聘者与应聘者讨论的核心问题之一，也可以看作招聘者与应聘者的一次谈判。当谈话涉及薪酬期待时，求职者往往苦于如何回答。因为一个人的薪酬是与其能力、作用、表现和贡献等息息相关的，在用人单位尚未了解你的具体情况时，开价过高，难以被用人单位接受；开价过低，吃亏的又是自己。

理想的薪酬数，应是用人单位和求职者双方都能接受的，而求职者应表现一定的灵活性。薪酬谈判不能像其他谈判那样，一味设法提高对方开出的条件，而对方就只顾压低你的价钱。如果把原来和谐的气氛弄成敌对的局面，这对你实在是没有好处。

协商过程中，如果用人单位要你开价，可告诉其一个薪酬限度。如他一定要你说出个明确数目，可问他愿意付多少，再衡量一下自己能否接受。

其实，每个雇主在心里对薪水的上下限度都有个数，凭着手头掌握着你所不知的内情，他们经常会在那个限度内自由调整。所以，在你提出任何薪水要求之前，务必搞清它的大致价位，以退为进提出反问，如"我愿意接受贵公司的薪酬标准，不知按规定这个岗位的薪酬标准是多少？"这样，不但没有露出自己的底，反而可以摸清对方的底。总之，你必须得先开价，而且勿将底线定得太低。

1. 避免正面地回答

避免正面地回答，而可以委婉曲折的方式来回答。顾左右而言他，如巧妙地回答："我相信公司会根据我的业绩给予合理报酬，以体现多劳多得的原则"，这样将球又踢了回去。

2. 不要主动提期望薪酬

切勿盲目主动提出希望得到的薪酬数目，如果是已经经过几轮面试，用人单位已确定录用你，这时你要抓住机会，委婉地说出你的期望薪酬。报薪酬时最好是折算成年薪，因为每个用人单位在每月的固定工资之外的福利待遇是不一样的，只有年薪才能涵盖所有的收入。

3. 事先了解职位的薪酬标准

对薪酬准确定位，事先了解其他同类公司询问职位空缺情况和大概的薪酬标准，以便自己心中有数。同时别忘了，福利也是你应得的报酬，要在此基础上提出合理的薪酬值。

4. 以退为进

如果自己对薪酬的要求实在不能得到满足时，采取以退为进的方法，或许能够让对方重视起来，认真考虑你的要求。如对方问及薪酬问题时，你可以说："薪酬并不是我考虑的主要因素，我更看重的是在贵公司的发展前景"。

注意，当薪酬福利谈妥后，最好要求用人单位写份协议合同，因为有些用人单位面试之后，很可能会忘掉曾答应过的事。

高难度沟通

图书在版编目 (CIP) 数据

高难度沟通 / 黄薇著 . — 北京 : 中国华侨出版社，
2021.3（2021.5 重印）

ISBN 978-7-5113-8332-7

Ⅰ . ①高… Ⅱ . ①黄… Ⅲ . ①心理交往 – 通俗读物
Ⅳ . ① C912.11–49

中国版本图书馆 CIP 数据核字（2020）第 200585 号

高难度沟通

著　　者 / 黄　薇

责任编辑 / 王　委

封面设计 / 冬　凡

文字编辑 / 胡宝林

美术编辑 / 潘　松

经　　销 / 新华书店

开　　本 / 880mm×1230mm　1/32　印张 / 7.25　字数 / 170 千字

印　　刷 / 三河市华成印务有限公司

版　　次 / 2021 年 3 月第 1 版　　2021 年 5 月第 2 次印刷

书　　号 / ISBN 978-7-5113-8332-7

定　　价 / 38.00 元

中国华侨出版社　北京市朝阳区西坝河东里 77 号楼底商 5 号　邮编：100028

法律顾问：陈鹰律师事务所

发 行 部：（010）88893001　　　传　真：（010）62707370

网　　址：www.oveaschin.com　　E－m a i l：oveaschin@sina.com

如果发现印装质量问题，影响阅读，请与印刷厂联系调换。